船玉さま
怪談を書く怪談

加門七海

角川ホラー文庫
23066

目次

船玉さま

あまり、海が好きではない。

山ならば、大概の山に美点を見出せるし、そこで楽しむことができる。車窓から山の姿を見れば、必ずどこの山だろうと考えて、時には登りたくなってくる。

しかし、海は遠目から見るのが一番好きで、次に波打ち際を歩くのが、まあ嫌いじゃないといった程度だ。泳ぐなど、考えたこともない。

いや、さすがに沖縄の海には負けて、腰まで浸かって遊んだが、もう一度、行きたいかと問われれば「もういいや」と答えるだろう。

海の磯臭さが何より苦手だ。

遮るもののない陽射しや風も、大概苦痛だ。

べたべたしてくる潮風は、特にいやらしい。

それにも増して、浜に堆積する数多の死骸が恐ろしい。

昆布も貝殻も、みな、死んでいる。

岩場や潮溜まりに蠢くものは、虫に似ていて気味悪い。

時には、小さく機敏な魚が岩の裂け目にいるのを見るが、それなら山の清流にいるもののほうが愛らしい。

——そんなふうに思ってしまう。

山にももちろん、虫はいる。

だが、山の虫は、昆虫だとはっきりわかるのが潔い。

海のものは昆虫なんだか植物なんだか甲殻類なんだか貝類なんだか、はっきりしないものばかりで不愉快だ。

海草の一種だと思っていた珊瑚（さんご）の産卵を知ったときには、歯が浮くような気持ちになった。

海鼠（なまこ）など、棘皮（きょくひ）動物という得体の知れない名を持っている。

ちなみに海牛（うみうし）は軟体動物。

似ているくせに生き様がこうも違うと、腹が立つ。

この手の曖昧（あいまい）な生き物は、山では粘菌（ねんきん）が代表となる。

しかし、粘菌は素敵に地味で、歩いていても滅多に視界に入ってこないのが素晴らしい。

人には、海好きと山好きがいる。

言うまでもなく私は山好きで、頭まで浸かった時点で呼吸ができなくなる場所は、遠目で見るだけで充分だ。

海は死に近い。

そう。だから、嫌いというより、怖いのだ。

実際、何か恐ろしい目に遭ったといった記憶はない。

そういう体験はむしろ、山でしている。

人気のない山の遠くに、熊を発見したこともあるし、猪が目の前を横切っていったこともある。

ガイドブックに騙されて軽装で難路に嵌まり込み、遭難しかけたこともあるし、途中、登山道が通行止めとなっていて、迂回を強いられた挙げ句、山中で日が暮れてしまったこともある。

一番参ったのが、甲斐の山だ。

何を見たというわけでもないのに道の先が怖くて怖くて、私はへたり込んでしまった。

そのときは、経験者に先導されて険しい道を登っていた。

リーダーの希望で、私達は一般の登山道とは違う、バリエーションルートを進んでいたのだ。

難しい岩は先導者が先に登って、ロープを投げた。

私には難易度の高いコースだったが、岩場や崖はなんでもなかった。

そこを過ぎ、尾根の巻き道を経た先で、俄に私の足は竦んだ。

――この先に行ったら、私は死ぬ。

なぜか、はっきりそう思った。

結局、どうしても足が動かず、私は同行者達がピークに至って戻ってくるまで、ひとりで倒木に座っていた。

ああいうときの恐怖というのは、曰く言い難いものがある。

とはいえ、怪談的な意味合いで、怖い目に遭った記憶はほとんどない。

別のところで記した、出羽三山での「出られない下山路」には参ったが、そのほかは、夕暮れの藪の四方から女の歌声が迫ってきて、走って逃げた程度しかない。

もっとも、山小屋泊まりは数回しか経験がないため、私は夜の山をほとんど知らない。

多分、それが怪異に遭わない大きな理由に違いない。

事実、都会と同じく、山においての怪談も、大方は夜の出来事だ。

泊まっていた小屋やテントで、遭難者らしき幽霊を見たといった話は、どこにでもある。

　山の怪談で、必ずといっていいほど出てくるD駅も、体験者が語るのは夜の話だ。

　知人が北陸の山にて、小屋に泊まったときのこと。

　寝つかれずに、ふと窓の外に視線を投げると、切れ落ちた崖の際に、真っ白いものがあるのに気がついた。

　なんだろうと目を凝らしてみると、それは崖にしがみついている白い右手だったという。

　知人は反射的に目を逸らし、頭から布団を被ってしまった。

　本物の遭難者だったら、という考えは微塵も浮かばなかった。

　なぜなら、しがみついていた手は、輝くような純白で、妙に大きかったからという。

　しかし、気にはなったので、朝一番で外に出て現場を確認してみると、崖と思ったその場所は数十センチの段差になっているだけで、たとえ人が横になっても、頭が見えるようなところだった。

「小屋に入る前、そこを歩いていたのに。崖と思ったこと自体、不思議な気がする」

　知人はそう言う。

「まあ、夜だったし、寝惚けてたのかも……」

見間違えにしろ何にしろ、結局、この話も舞台は夜だ。

著名な山での体験談だが、幸い、私には縁がない。

反して、海は平地の果てで、ホテルの真下に波の迫るところもあるように、子供でも簡単に現場に行ける。

車から降りて、すぐ海に入れたりするわけだから、厄介なこと、この上ないし、随分、危険だと思う。

とはいえ、この感覚は、言うまでもなく個人のものだ。

日本の文化を語る上で、海の話は外せない。

実際、私の好きな民俗学や宗教学でも、海と人との関わりは重要なテーマになっている。

殊（こと）に神道におけるウエイトは高い。

神話では、伊弉諾尊（いざなぎのみこと）と伊弉冉尊（いざなみのみこと）が矛（ほこ）で海を掻（か）き回し、滴り落ちた塩が積もったものが、日本という国土の始まりとなる。

一番重要である神饌（しんせん）と浄（きよ）めの道具も、塩、つまり海に由来する。

海なくして、神道は語れないのだ。

以前、宗教学を専門とする人に「海が嫌いだ」と告げたところ、「あなたは神道的縁があるか、海が好きなのだそうだ。

ではない」と言われた。

では、仏教的なのかとは訊き損ねたが、その人に言わせると、巫女体質の人は海に縁があるか、海が好きなのだそうだ。

もちろん、私は巫女ではないので、海に縁がなくても仕方ない。

だが、神社好き・神様好きでは、人に負けない自信はある。そういう自分が神道的ではないというのは、寂しくも悲しい気持ちになる。

とはいえ、神と海との関わりすべてが、清浄なものとは言い切れない。

友達に、佐藤真希子（仮名）という人がいる。

彼女は結婚を機に東京を離れた。

それでも縁は繋がったので、私は真希子が実家に戻ってきたときに、時間が合うと、食事を一緒にしていた。

ある年の晩秋。

私と真希子は、小さなレストランで待ち合わせをした。

知り合った当初からふたりでよく通った店で、シンプルなメニューを飾らず美味しく出すところが気に入っていた。

私達は定番となっている小皿料理をいくつか頼んだ。

いつもなら、器の底を浚うように平らげるのだが、その日はなぜか、食が進まず、料理はすべて食い散らかしたような状態になっていた。

(味が落ちた気がするな)

そんなことを思った。が、食欲はあるので、このままでは物足りない。

私は改めてメニューを手にした。

「もう少し、何か食べようよ……。あ、生牡蠣ある。頼もうか?」

真希子は生牡蠣が大好物だ。

メニューを見逃していたのだろうと、私は『生牡蠣』の文字を指差した。

真希子は即座にかぶりを振った。

そして、身を乗り出して、囁いた。

「ごめん」

「何?」

「やっぱりわかるよね。ごめん。美味しくないでしょう」

私は彼女を見返した。

料理の味が落ちたことを、真希子も気づいていたのだろう。だが、なぜ彼女が謝るのか、まったく見当がつきかねる。

真希子は続けた。

「なんとなく、みんな生臭いんでしょ」

——そのとおりだった。

料理の味ではなく、臭いが変なのだ。

野菜も肉も、炒めたものも煮たものもみな、腐敗臭を思わせる臭気が微かに、じっとりまとわりついている。

「どうして」

私は呟いた。

真希子はそれを同意と受け取り、低い声で話し始めた。


彼女にはふたりの子供がいる。

年の離れた姉弟で、上はもう中学生になっていたが、下は来年、小学校に上がる年齢だ。

その下の子を通わせている幼稚園で、真希子は今年、年少組の母親のひとりと知り合いになった。

仮に長谷川さんとしておこう。

長谷川さんは華奢(きゃしゃ)な感じの美人で、よく笑う明るい人だった。

人見知りもないようで、子供の迎えで数度顔を合わせるうちに、結構、ふたりは親しくなった。

「それは構わないんだけど……」

家は別の方角なので、彼女達は普段、幼稚園の前で別れていた。だが、ふた月ほど前、買い物の都合で、真希子は子供を連れたまま、いつもとは逆の方角を目指した。

目的は、線路際にある大型ディスカウントショップにあった。

そこに至る途中まで、彼女は長谷川さん母子と一緒になった。

「あそこの店にはよく行くの？」

長谷川さんが訊いてきた。

「あまり」

真希子は首を振り、

「安いのはわかってるんだけど、私、あの踏切が苦手なの」

そんなことを呟いた。

「どうして」

「うーん。なんとなく」

真希子は結構、勘が鋭い。

幽霊を見たといった話は少ないが、「そういう感じ」がするのだという。

彼女はその踏切にも「そういう感じ」を抱いていた。

そして、線路脇にひっそりと立つお地蔵様に気づいたのちは、ここは自殺の名所だったか、あるいは大きな事故があったのではないかと考えていた。

しかし、告げるのは憚(はばか)られる。彼女は言葉を濁した。

逆に、長谷川さんは身を乗り出した。

「同じ！　私もあそこはダメなの。佐藤さんは東京生まれだから知らないかもしれないけれど、あの踏切って、二十年ほど前までは、自殺の名所だったのよ。それでね、あまりに人が飛び込むものだから、町の有志で、踏切の際に、お地蔵様を置いたのよ」

「へえ」

「それで、一時はぴったりと自殺する人がいなくなったの。だけど、暫(しばら)くしてから、お地蔵様にきちんとしたお堂を造ってあげようという話になって、先の辻に移されたのね。そうしたら、また自殺者が出て……。慌てて、元の場所に戻したのよ」

「なるほど」

「でも、まだ気味悪いよね」

「そうねえ。土地の関係かもね。あそこに線路が通っていること自体、土地の神様の気に障るのかも」

真希子曰く、私が言いそうなことを思い浮かべて、つい、語ってしまったという。

よく考えれば、失礼な話だが、そんな台詞を聞いた途端、長谷川さんの声が跳ね上がった。

「凄い。知り合いの霊能者も同じことを言ってたわ」

そして、彼女は嬉々として、真希子にその霊能者を紹介したいと言ってきたのだ。

真希子自身、そういう世界は嫌いではない。

けれども、よくよく話を聞くと、その霊能者は単独で仕事をしている人ではなく、小さな教団を作っているらしかった。

加えて、長谷川さんは、そこの信者のひとりであるように思われた。

「会う必要はないと思う。今の推理は、単に本で読んだ話から推測しただけだし、霊能者に会って訊くこともないし」

真希子は牽制した。

しかし、長谷川さんは言い募った。

そして「一度でいいから」という言葉に折れて、彼女はそれで済むのなら、と、頷(うなず)いてしまったのだった。

「強硬に断って、険悪なムードになるのも嫌だったのよね……」

今思えば、長谷川さんの人懐っこさや明るさも、強い信仰を持つ人特有のものだったと思い当たる。

だが、真希子はそれを見抜けなかった。

「ま。ちょっと自業自得かな」

意地悪く、私は茶化したが、彼女は笑ってくれなかった。

ともかく、気乗りしないことは早く片付けてしまおうと、真希子は週末、息子の世話を義母に頼んで、長谷川さんと出掛けていった。

車は真希子が出した。

万が一、途中で帰りたくなったとき、手段がなくなるのが怖かったからだ。

件(くだん)の霊能者とやらの住まいは、車で一時間ほど走った先、海に近いところにあった。

真希子の家は典型的な地方都市にある。

そこには海の気配もないため、彼女は街と海との距離が短いことに驚いた。

「もっとも、東京だって簡単にベイエリアに出られるんだから、驚くことはないんだけど……なんかショックだったのよ」

眼前に広がる海は荒々しかった。陽射しの強い頃にも拘(かかわ)らず、水は既に黒く見え、今から冬の厳しさが思いやられるようだった。

目当ての霊能者の家は、その海岸から少し離れた、防風林の向こうにあった。

林を回り込んでいくと、それなりに大きい、古い木造家屋が見えた。

土地の価値が都会と違うので、財のほどはわからなかったが、貧しさを覚える造りではない。

造作自体は普通のものだ。ただ、一般の家と違うのは、玄関先に立派な注連縄(しめなわ)が張り渡されていたことだった。

「太い縄に鮑(あわび)の殻やホンダワラが下げてあってね、見たことのない注連縄だったわ。多分、正月に張り替えるんでしょ。でも、行ったのは夏だったから、お飾りも古いし、生ごみがついているみたいに思えて、それだけで、なんだかゾッとしちゃって」

言って、真希子は肩を竦めた。

だが、胆(きも)となるべき霊能者の話は、真希子には、そして話を聞いた私にも、インパクトのないものだった。

供物の載った祭壇はなんとも迫力のあるものだったが、霊能者自身は太った普通のオバサンで、霊能者といった言い方よりも、土着の「拝み屋」という単語のほうが似合うような人だった。

強い訛のせいで、話す内容もよく聞き取れない。

先代から、ここに海の神様を祀っているのだといった話や、近辺が漁師町だった頃の話が出たが、長谷川さんがはしゃいで口を挿んでくるので、真希子はそちらにばかり気を取られてしまった。

「ともかく、注連縄の不潔な感じが頭から離れなかったのよ。で、霊能者のオバサンはお守りをくれると言ったんだけど、冗談じゃないって思ってね。ご縁があって、また伺う機会があったら、そのときにお願いしますと言って、夕暮れ前にそこを出たの」

これで、一応の義理は果たした。

彼女は長谷川さんを送ったのちに、ホッとして自宅に戻っていった。

借りている駐車場に車を入れて、真希子は家に至る角を曲がった。すると――。

「女が立っていたの」

彼女は一層、声を潜めた。

既に日は暮れかけており、玄関には常夜灯が点っていた。

その光が影となる辺り、玄関の脇にその女はいた。

白っぽい、薄い着物を着ていたという。

「全身がぐっしょり濡れててね。体のラインがわかるほど、皮膚に着物が張りついていたわ。背が低くて、ちょっと拝み屋のオバサンに似た、ずんぐりと小太りの体形だった。ううん。同じ人じゃないと思う。けど、顔立ちはよく見えなかったの。髪形もよくわからない。なぜかというと、フジツボとかが張りついた汚らしい海草が、頭から腰まで垂れていたから……」

反射的に、真希子は注連縄を思い起こした。

同時に、拝み屋がくれると言った「お守り」が、その女だと直感したという。

よく見ると、女は呼吸に合わせるごとく、ゆっくり前後に揺れている。その動きは、寄せては返す波を連想させるものだった。

彼女は激しい恐怖を感じ、その場から動けなくなってしまった。

「今までも幽霊らしきものを見たことはあるけど、みんな、ほんの一瞬で姿を消してしまったし、普通の人みたいに見えるから、あれ？　と思う程度で済んでいたのよ。だけど、あんな……息が詰まるほど、怖く感じたものは初めてだった。それ以上に、なんで消えないの？　なんでずっと見えているの？　って」

語りながら、思い出したのだろう。彼女は微かに身震いした。

なぜ、そんなものがそこにいるのか。住所は教えなかったはずだ。長谷川さんが報せたのか。

それとも、自分に憑いてきたのか。

くれるという「お守り」は、きっぱり断ったのに……。

「住所知らなくても、そういうのって、来られるものなの？　ともかく玄関先にいるんだもの。家に入るには、どうしても女の脇を通らなければならないじゃない。どうしよう。このまま行ったら、取り憑かれるんじゃないかって。動けないで息を潜めていたら、部活を終えた娘が向こうの道から戻ってきたのが見えたのよ。声を掛けようとしたんだけど、もし、声を出して、女がこちらに来たらと思ったら怖くって。躊躇している隙に、娘はさっさと玄関の戸を開けてしまったの。同時に、女の影も消えて……。だから、大丈夫、気のせいだと自分に言い聞かせて、私も家に戻ったの」

実際、家に帰っても、女の姿はどこにもなかった。

だから、彼女はそのことを家人の誰にも告げなかった。

その晩は恐怖を感じたが、悪夢も見ずに終わったので、彼女は努めて記憶から女の姿を消すようにした。

しかし、異変は数日後から始まった。

「この臭いも、そのひとつ」

真希子は服の袖口に顔を近づけて、眉を顰めた。

まず、風呂場に黴が生えたのだという。

彼女の家は数年前にリフォームしている。

元々綺麗好きだったので、真希子はその際、換気と水はけには少なからず心を配り、風呂場にはしっかり最新式の乾燥機能を取りつけていた。

にも拘らず、風呂場の目地や壁に、染みに似た黴が浮き上がってきた。

彼女はもちろん、掃除をした。塩素系の洗剤で徹底的に黴を除去した。しかし、なぜか数日経つと、黴は勢いを増した形で、風呂場のそこここに染みを作った。

それだけではない。

気がつくと、洗面所やトイレ、流しにも、黴は繁殖し始めていた。

「食べ物だけは気をつけていたけど、水回りを中心に、もう、そこら中」

しかも、家を侵食してくるその黴は、よくあるような黒黴ではなく、ぬらぬらとして青黒く、水辺などに漂っているアオコそっくりだったという。

「同時に、家中がなんとなく生臭くなってしまったの」

黴も臭いも、家族全員が気がついた。

当初、同居している義母は、真希子の掃除が悪いと決めつけ、喧嘩にもなってしまったという。しかし、義母が掃除をしても、ごみ箱を洗っても、排水管を洗浄しても、何をしても、臭いは消えなかった。

「屋根裏に、鼠の死骸でもあるんじゃないかって話になって、業者に頼んだりもしたのだけれど、結局、どこにも臭いの因はなかったの。それでも臭気は消えなくて、今では家族の服や髪にも移るようになっちゃって」

「それじゃ、色々と不便でしょ」

学校や会社で、噂にならないか。

私は案じたが、真希子はかぶりを振った。

「ところがね、家族は全員感じるんだけど、そのほかの人は、気がつく人と気がつかない人がいるみたいなの。嗅覚が鈍いとかいうんじゃなくてね。……わかるでしょ？」

わかる人と、わからない人がいる。

それで、真希子は原因が物理的なものにはないと確信した。

思い当たるのは、もちろん例の拝み屋と、そののちに見た女の影だ。

怒鳴り込みたい気もしたが、もう一度、そこに行くのは論外だ。

さりとて、彼女の周辺に、解決できる人はいなかった。

悩んでいるうちに、黴は広がる。そして、娘が体調を崩した。

「どこかが痛いとかではないの。ただ、掌に大量の冷や汗をかくようになってしまったのね。あの子、部活でバレーボールをしてるんだけど、球を触ると濡れるほどになってしまって、悩んでねぇ。病院にも行ったんだけど、何か精神的な問題があるんじゃないかと言われただけで、原因不明。いじめにでも遭っているのではって、夫は心配しているわ。けど、そんな感じもないのよね」

第一、原因に心当たりがあって、人に言いたくないものならば、症状自体、親には告げまい。

「私はそれも、あの拝み屋のせいではないかと思っているの」

「長谷川さんとは？　距離を置いているの？」

気になっていたことを、私は訊いた。

「あの人は」

真希子は口を歪めた。

「馴れ馴れしく話しかけてきて、何かあったら力になる。また、行きましょうと誘うのよ。適当にいなしてはいるんだけど、全部知ってるんじゃないかって、もう腹が立って、怖くって。でも、逃げているのがわかったんでしょうね。先週、今度お祭りがあるから、是非って、強く誘われたのよ。とっさに実家に用事があると言って断ったんだけど、万が一、バレると嫌だから、本当に東京に来てしまったの」

祭りの日は今日だった。それで、真希子は東京に来て、私と会うことにしたのだという。

私は椅子に凭れかかった。

感じていた生臭さは、つまり磯臭さだったのだ。

「どうするの？」

私は尋ねた。

「どうしたらいい」

真希子は溜息混じりに返す。

私に策があるはずはない。

わかるのは、真希子にまとわりつく生臭さが、料理が不味く感じるほど、強いといったことのみだ。

それ以外は、トラブルこそ抱えているものの、彼女は健康で普通に見えた。

「私もちょっと調べてみる。何かわかったら連絡するね」

ともかく、長谷川さんとは距離を置くこと。絶対、弱気にならないこと。

それだけを言って、その晩はレストランを出て、真希子と別れた。

しかし、本やインターネットで調べても、該当する事例はなかった。

もちろん対処法も思いつかない。

彼女の様子は気になるものの、電話をすれば、解決策が見つかったのかと期待させてしまう虞（おそれ）がある。

私は悩みながらも、なかなか彼女に電話を掛けられないでいた。


それから約半月後。

真希子のほうから連絡が来た。

「ごめんね。結局、なんの方法も見つからなくて」

開口一番、私は謝罪を口にした。

真希子は気にしないでいいと笑ったのち、

『実はあれから、一気に解決しちゃったの』

嬉しそうに声を弾ませた。

東京から戻った、翌週の土曜日だったという。

隣の町に住んでいる、伯母が家を訪ねてきた。

近所の農家からもらった野菜をお裾分けに来たのだが、伯母は家に入るなり、ギョッと顔色を変えたという。

伯母は腰も落ち着けないまま、臭いと黴のことを尋ねた。さすがに二ヵ月以上続く異変に、弱気になっていた真希子はつい、長谷川さんと拝み屋の一件を伯母に漏らしてしまった。

「なんで、早く言わないの！」

初めて聞く話に、側にいた義母は呆れ、怒った。

「信じてくれるはずないと思って」

半べそをかいて、彼女は謝った。

伯母と義母は、そんな彼女を労るより先に顔を見合わせ、「××伯父さんに相談しよう」と突然、ふたりで話を決めた。

『私は知らなかったんだけど、夫の祖父の兄、つまり大伯父さんは、昔、漁師だったんですって』

電話口で、彼女は言った。

なぜ、漁師であった大伯父に相談することになったのか、真希子にはまったくわからなかった。だが、連絡を受け、慌ててやってきた大伯父は、家に視線を巡らせた途端、「船玉(ふなだま)さまだ」と唸(うな)ったという。

「船玉さま？」

鸚鵡返し(おうむがえ)に、私は訊いた。

一般的に、船玉は漁船の守り神といわれている。

普通は住吉(すみよし)神社や金比羅(こんぴら)神など、海に関係した神々のお札を指す。

しかし、賽子(さいころ)と女性の陰毛、あるいは人形(ひとがた)をひとつの箱に入れたものを船玉とする場合もある。

漁師達はそれを帆柱に貼ったり、柱の下に入れたりして、船を守護する神として祀る。

真希子はその話を知らないようだった。『そう言ったのよ』とのみ返して、彼女は話を続けていった。

大伯父はその場ですぐ、知り合いに電話を掛けた。

その知り合いとやらはもう、真希子にはまったく無縁の人だ。そうして、やや長い電話の後、大伯父は皆に言い渡した。

「明日、神主に来てもらうから」

伯母に事情を話して以降、真希子はほとんど蚊帳の外に置かれた状態だ。ただ茫然とする彼女を尻目に、義母達は慌ただしく、すべての段取りを決めていった。

明日、日曜日は家族全員が家にいること。

今晩は皆、風呂に入って髪を洗い、翌朝、身形をきちんとして神主を迎えること。

話が済むまで、魚介類は口にしないこと。

厳めしい口調で、大伯父が告げた。

『すごく緊迫した雰囲気で、その空気が一番怖かった』

幼い息子はともかくも、話を聞いて、夫は困った顔で黙りこくった。外出予定のあった娘は文句を言ったが、強引に義母が押さえつけた。

そして、寝つかれないまま迎えた朝、大伯父に連れられ、神主が来た。

『怖い人を想像していたんだけど、神主さんはおっとりとしたお爺さんで、笑顔が可愛い人だったわ。大きな風呂敷包みを持っててね。それを開くと、藁で編んだ船が出てきたの』

精霊船という名だという。

神主はそれを五色の紙垂(しで)で飾りたてたのち、別の包みから、掌ほどの大きさをした人形をひとつ取り出した。

船に乗せる人形だ。

『お餅を丸めて作ってあるの。丸っこい人の形になってて、子供の作った粘土細工みたいなんだけど、海草で髪がつけてあってね。私が見た女の影とすごく似ていて、ぞうっとした』

神主は一旦、人形を紙に載せた。

それから、なぜか娘を手招いて、人形を精霊船に乗せるよう、彼女に指示したという。

『そのとき、ひらめいたのよ。娘が戸を開けたとき、女の影が消えたと私は思っていたけど、そうじゃない。女は娘に取り憑いて、家の中に入ったのね。神主さんは何も言わなかったけど、多分、そういうことがわかる人だったんじゃないかしら』

そののち、神主は祝詞(のりと)を唱え、再び船を風呂敷に包むと、夫と大伯父と共に出掛けていった。

海に流しにいくという。

だが、女と幼児は必要ないと言い渡されて、その他の家族は家に残った。

『そして、神主さんがいなくなったあと、娘がアレッと声を上げたの。冷や汗がすっかり引いているって……。気がつくと、変な臭いもなくなってたし、黴もそれから何日も経たないうちに全部、消えちゃったのよ』

真希子は興奮した口調で語った。

娘に取り憑いたという親の推理は、多分、当たっていたのだろう。

『戻ってきてから、大伯父さんに訊いたんだけど、船玉さまは女の神で、女に取り憑くんですって。だから、女の人形を形代として作ると言ってたわ。元々は海で死んだ人の霊なんだけど、水死人だから、それを祀ることで船が沈まないようにするそうよ。大伯父さんに言わせると、水死体って、魚が寄るから、大漁祈願も船玉さまにするんですってさ』

漁師は水死体を蛭子神と呼ぶ。

それに似ている気もするが、船玉の定義も、精霊船の定義も、彼女が私に語った話は民俗学事典に載っているオーソドックスなものとは違った。

「つまり、真希子が見た女って、船玉さまだったということ?」

『そういうことになるのかな。それについては何も言ってくれなかった。けど、式神みたいに、あの霊能者、船玉さまを操るのかな?』

訊きたいことは色々あったが、興味の向きが違うので、彼女の返事は曖昧だった。

ともあれ、幸いなことに、それ以降、長谷川さんは近寄ってこなくなったという。

噂によると、別の父母達を拝み屋に連れていったりしているらしい。

『それより、娘がこの一件でカルチャーショックを受けたようでさ。最近はあなたの本とか、怪談とかを読んでいるのよ』

真希子は笑い、私も笑った。

まあ、解釈に謎は残るが、実体験とは往々にして、そういうものだ。

万事うまく収まったなら、それで善しとするべきだろう。

「船玉さま」は神なのか、溺死体なのか、式神なのか。

本当に、海のものは昆虫なんだか植物なんだか甲殻類なんだか貝類なんだか、はっきりしないものばかりで不愉快だ。

いや、これは海のせいではないだろう。

日本の神そのものが、曖昧で鵺的な存在なのだ。

もしかしたら、神道が海なくして語れないということに、日本の神を語る鍵が隠されているのかもしれないが……。

いずれにしても、私はやはり海を好きにはなれそうにない。

とある三味線弾きのこと

「うわあ……」

沢村氏に初めて会ったとき、私は口中で呟(つぶや)いた。

「うわあ……」

初めて、家を訪ねたときも、同じ言葉が口から漏れた。

その空間は小さいながらも、夢のような場所だったから。


――沢村氏は、三味線を弾く。

どこの社中にも属していないが、それはもう見事な腕前だ。

彼を私に紹介したのは、音楽雑誌にときどきレビューなどを書く、セミプロの邦楽ブロガーだ。

以前、知人が開催したイベントで、私は彼女と知り合った。

名前は仮に加藤とだけしておこう。

男っぽい性格はがさつなようにも思えるが、彼女が長唄(ながうた)や常磐津(ときわづ)について熱く語る姿は好ましかった。

私も知識は乏しいながら、邦楽は好きなほうなので、加藤の話は面白かったし、彼女もまた、私のことを同好の士と見たようだ。

以来、加藤はマイナーだが、質の良い演奏会に私を誘ってくれた。

そんな彼女がある日、ひとりの三味線弾きを手放しで褒めた。

「絶対、間違いない。彼は凄いよ。天才かも」

勢い込んで、彼女は言った。

加藤が沢村氏を知った経緯はわからない。だが、その音を聴いた途端、CDを出して世に問うべきだと、熱弁を振るったほどだったという。

藪(やぶ)から棒の申し出に、本人は面食らって首を振ったが、加藤の熱は冷めなかった。

「そのうち、絶対、私は彼を世に出すわ。今の三味線はほとんど社中に縛られて自由に弾くことができないんだから、彼は絶対、邦楽界に新しい風を入れる存在になる」

絶対、絶対、と、加藤は何度も強調した。

耳のいい彼女がそこまで褒める音とは、どんなものなのか。

私も彼に興味を抱いた。

素直に、会ってみたいと言うと、手回しよく、加藤は数日後、本人を喫茶店に連れてきた。そして、沢村氏は「是非一度、うちにいらしてください」と、綺麗な顔で笑ったのだ。

初対面のときの「うわあ……」は、彼の容姿と雰囲気に対する感嘆だ。

沢村氏は、綺麗な人だった。

清冽に澄んだ水のごとくに、彼は美しい人だったのだ。

年は三十を過ぎた辺りか。磁器を思わせる肌に、切れ長で黒目がちの目は、明治時代のポスターに描かれた美人を私に思い出させた。

立ち居振る舞いは丁寧で、言葉もやや女性的だが、女々しいという感じはしない。

何より、生活感がないどころか、生きている人でもないような——まさに美しい絵を鑑賞している感覚を、彼は私に抱かせた。

誘われるまま、家を訪問したときの「うわあ……」は、それに勝る感動だった。

加藤と共にマンションのドアを開けた先には、予想外の空間が広がっていた。

さして広い部屋ではないが、リビングの一角には畳が敷かれ、後ろの壁には三味線が数丁、色とりどりの縮緬に包まれて架けられていた。

板敷には、卓袱台と座布団。

窓の際には信楽(しがらき)らしい水盤があり、そこから、ふっくらと開いた蓮が艶(えん)な桃色を覗(のぞ)かせている。

窓を隠すのは、篠竹(しのたけ)の簾(すだれ)だ。

背後に見えるベランダは、野趣(やしゅ)を感じる山野草尽くしで、年季の入った箪笥(たんす)の上には、鋳物(いもの)の一輪挿しに活(い)けられた夏椿が俯(うつむ)いている。

桐の三味線箪笥の隣には、朱漆(しゅうるし)の古い衣桁(いこう)がある。そこに、夏支度の最中というように、袖畳みにされた絽(ろ)の黒羽織が何気なく掛けられていた。

本人同様、まったく生活感がない。そして、清潔で美しい。

高価な調度は見当たらないのに、空間はひたすら贅沢(ぜいたく)で、私はその雰囲気に圧倒された。

場所は東京、繁華街はすぐ側だ。にも拘(かかわ)らず、ここにはただ、軽々とした静けさがあった。

この場所で、彼は望む人達に、三味線を教えているという。

沢村氏の三味線は独学で、なんの資格もない。だから、教えるといっても、月謝は取らない。

集う人は、要するに彼の知人や友達で、手土産持参で、のんびりと部屋でひとときを過ごしていくのだ。

（こんな場所と、こんな人が現実にいるなんて、ねえ）

私は彼も、彼の居住空間も、ひと目ですっかり気に入った。

沢村氏は私達ふたりに座布団を勧め、手ずからお茶を淹れてくれると、早速、三味線を取り出した。

「聴かせて頂けるんですか？」

いくら趣味とはいえ、押し掛けた挙げ句に独演会では、申し訳ないような気がする。

「弾くだけだし。弾いているのが一番好きだし」

慣れた手つきで糸を締めつつ、彼は俯いたまま、微笑んだ。

「こないだ、ちょっとお話ししたけど、加門さんも経験あるんでしたよね」

「でも、弾けませんよ。撥を持ったことがある程度です。それこそ、きちんと習ったわけじゃないから」

「好きな曲ある？」

「そうですね……。なんでもいいと言うと失礼だから。でも」

「ん？」

口ごもると、沢村氏は目を上げて、私の顔を窺った。

「ジャンルばらばらだし、一般的な名曲しか知らないんですが、『明烏（あけがらす）』とか『勧進帳』とか、柳家紫朝（やなぎやしちょう）なんかも大好きだし」

「ほんと、ばらばら」

彼は笑った。

「要は、三味線の音色が好きなんですね。一度、生で『たぬき』とか、通して聴いてみたいんですが」

「たぬき」

鸚鵡返（おうむがえ）しに言って、沢村氏は目をしばたたいた。

『たぬき』は立花家橘之助（たちばなやきつのすけ）という、天才が作った浮世節だ。

明治から昭和にかけて活躍した彼女の生涯は、随分昔に、山田五十鈴（やまだいすず）が芝居に掛けたことがある。

生憎（あいにく）、私はその舞台を観る機会はなかったが、雑音だらけの音源で、橘之助の『たぬき』は聴いていた。

曲は十分少しだが、今の弾き手で全曲通して弾ける人を、私は知らない。つまり、現代人では及ばない技量を必要とする難曲なのだ。

そんな曲を口にしたのは、彼を試す気持ちもあった。

沢村氏もわかっているのだろう。彼は小さく笑ってみせた。

「あれは難しいよね。でも、今度、稽古しておくね」

言って、彼は三の糸を緩く弾いた。

(こう簡単に頷かれるとは)

正直、私は面食らった。

だが、驚いたのは、その後こそだ。

彼の音は、本当に、誇張ではなく凄かったのだ。

実際のところ、私には三味線の音を聴き分けられるほどの耳はない。稚拙なものはわかるけど、どれほどの巧者かは言い得ない。

ゆえに的確な表現を選ぶことはできない。が、本能の反応は素直だった。

ぐっと胸が詰まった途端、私は鳥肌を立てたのだ。

新内流しから、『蘭蝶』一段、地唄の『雪』のさわりから、小唄の『夜桜』、そこから一気に陽気になって『木遣りくずし』に『吉原騒ぎ』。

声は格別良くないが、年季の入った貫録がある。

それを緩急交えてメリハリをつけ、途切れることない清水のように、飛沫のように、湖面のように——時間はあっという間に過ぎた。

称賛しようと思ったが、うまい言葉は出なかった。しどろもどろになりながら、凡庸な句を数語連ねて、私は加藤を窺った。

彼女は得意げに頷いて、私と彼を見比べる。

沢村氏がにこっと笑った。そして、少しのお喋りののち、

「是非、また、聴きにきてちょうだい」

彼は私に囁いたのだ。

――「気に入られたみたいだね」

マンションから駅に向かいつつ、加藤はにやりと、私に笑った。

「『たぬき』だなんてさ。わかってたんでしょ。難しい曲や古い曲ほど、彼は燃える質なんだから」

「わかってたというより、試したんだよ。今思うと傲慢だけどね。あんな凄い人に言うこっちゃなかった」

私は小さく肩を竦めた。

「ははは。でも、きっと、彼、稽古するよ。加門さん、聴きにいかなくちゃ」

「本当に聴かせてくれるんだったら、そりゃあ、飛んでいきますよ」

既に、気持ちはファンのものだ。

私は彼と別れてすぐに、次の時を期待した。

それから稽古に一度お邪魔し、すっかり夏になった頃、加藤と共に、私はまた沢村氏の許を訪れる機を得た。

稽古風景は面白かったが、当然、彼の三味線をじっくり聴く機会はない。

加えて、やはり、こういう美形はモテるのだろう。気合の入ったお嬢さん達が集って牽制し合う場に、私はすっかり怖じ気づき、這々の体でマンションを辞した。

同行した加藤も、似たような居たたまれなさを感じたらしい。ふたりは次の機会を探して、それが盛夏となったのだ。

汗を拭って、チャイムを鳴らすと、沢村氏が扉を開けた。

「加藤さんは少し遅れるそうですよ」

ひらっと着物の袖が返った。

白絣の上布を軽々と着て、三献博多の帯を締めている。襟はひと色、茶を掛けた絽で、覗く襦袢は卯の花色だ。

背中を向けた肩から腰のラインが、なんとも色っぽい。

(もう、私ゃ鼻血が出そうだよ)

現代にいながら、ここまで見事に時代を戻して生きることが叶うのか。

羨ましいやらなんやらで、私はまたも舞い上がった。

「ごめんね。約束した『たぬき』。まだちょっと上がっていないんだ。音源持ってるんだけど、思っていたより調子が変わって。なかなかついていけないの」

「いいんです、ゆっくり待ってます」

無理をするな、とは言わない。

気遣うことは失礼だし、彼なら弾けるかもという期待も私は持っていた。

手土産の水羊羹を取り分けていると、沢村氏が麦茶を出してきた。

ひと息入れる間、会話が途切れる。

部屋は若干、蒸し暑かったが、静まった空気は心地好い。

(隠居の寄り合いみたいだな)

それもまた理想の空間だ。

うっとりと、私は吐息を漏らした。

と、それをどう取ったのか、沢村氏は思いついたように立ち上がった。

「代わりと言ってはなんだけど、好きそうなものを見せてあげるね」

言いつつ、彼は慎重に桐の三味線箪笥から、三味線を一丁取り出した。

茄子紺色の縮緬の袋をゆっくり取り去ると、長棹（ながざお）でも太棹（ふとざお）でもない、小振りの三味線が現れる。

「これは……」

「幕末から明治の初めに作られた三味線なんだって」

愛おしそうに、彼は語った。

一般的に、三味線は消耗品だといわれている。

琉球王朝時代の三線（さんしん）や、初代高橋竹山（たかはしちくざん）が使用した津軽（つがる）三味線など、文化的な意義を持つものは残っている。けれど、それらが往事の音まで残したままでいるかというと、残念ながら疑問符がつく。

三味線の皮は、破れることが運命だ。

破れた皮を張り替えるとき、胴を削る場合がある。また、糸巻も緩くなったり、滑りが悪くなったりするため、その都度、削って調節する。

そうしているうちに歪みが出て、バランスが崩れてしまうのだ。

だから、この楽器には、ストラディヴァリウスのごとき名器はない。むしろ新しいもののほうが良い音が出るし、逆に弾けば弾くほど、消耗する。

それが三味線というものだ。

ゆえに、私は驚いて、三味線に顔を近づけた。

「凄い。こんなの残っているんだ。音出るんですか」

「もちろん、出ますよ」

得意げに、沢村氏は言った。

彼の手に収まった三味線は、上等な紅木(こうき)で作られていた。今のものより、胴も小さい。その腹に掠(かす)れた朱漆で、銘(めい)らしきものが記されていた。

志乃々め

「東雲(しののめ)？　色っぽい銘ね。似合っている」

呟くと、息を抜くように、沢村氏がふふっと笑った。

聞いて、私はドキッとした。

沢村氏は私よりも年下だ。

しかし、なんだか、綺麗なお姐(ねえ)さんに構ってもらっているような感じがしたのだ。

「もう、いい音は出ないんだけどね、一番好きな三味線なの」

彼は布で丁寧に棹を拭いて、糸を手に取った。

「ああ、今日は弾いてみようかな、……古いから、触るの怖いんだけど」

言いつつ、動きには躊躇いもない。長いつきあいなのだろう。

彼は準備を調えながら、東雲への思いを語った。

この三味線を弾いていると、昔の人になったような気がすること。

今のような生活を楽しむようになったのも、東雲に出会ってからだということ。

あるとき、ふらっと入った骨董屋に、東雲が置いてあったこと。

「がらくたばかり置いてある雑然としたお店でね。そういう店には、ときどき古い象牙の撥なんかがあるものだから、見つけると入るようにしてるんだ。そうしたら、ぼろ布に包まれて、この三味線が置いてあってね。見た途端、目が離せなくなって」

私も骨董好きだから、そういう出会いはよくわかる。

物との出会いは、ひと目惚れの恋に近い。それを逃せば、大袈裟ではなく、一生の後悔となるときもある。

東雲に出会った沢村氏も、同じ気持ちだったのだろう。

そして、彼は迷うことなく、古ぼけた三味線を手に入れたのだ。

私もまた、見た途端、東雲の姿に強く惹かれた。

触れてみたい。だが、それは私には許されないことだ。
撥を使わず、爪弾きで、彼は慎重に音を出した。
小唄か。私の知らない曲だ。
黙って耳を傾けていると、ふと、空気が変わった気がした。
私は空間に視線を馳せた。
――漂っているものがある。
香の煙に似たような、細く幽かな、だが、きっと、現にはない幻影だ。
(音そのものを見ているみたい……)
静かな曲を聴きながら、気配に注意していると、次第に頭がくらくらしてきた。
騙されて、強い酒でも飲まされたような感覚だ。
(なんだ、これ)
三味線の音が原因か。
音色が妙に耳朶を打つ。
男の指先で鳴る三味線は、色気が滲んでくるようだった。
まるで、私は秘め事を盗み見ているような気分だ。
目を上げると、沢村氏は無言で含み笑いをしている。

なんと言ったら、いいのだろう……。

迷っていると、チャイムが鳴った。

途端、奇妙な気配が消えた。

「加藤さんが来たみたい」

少しよろめくようにして、私は立ってドアを開いた。

女性がひとり立っていた。

加藤ではない。三味線を習いにきている、たしか、高橋とかいう人だ。

以前、稽古を見学したとき、顔を合わせたことがある。しかし、今日は稽古日ではないはずだ。

とっさにいろんなことが浮かんで、もごもご挨拶していると、彼女は私を一瞥し、脇をすり抜けて中に入った。

「先生。突然、ごめんなさい。私ね、昨日、歌舞伎を観にいって、限定のお菓子を買ってきたんです。賞味期限が短かったから、いらっしゃったら、先生に渡したいなあって思って」

高橋の声は甘ったるい。裏腹、私への眼差しは、氷のように冷ややかだった。

(なるほどね)

沢村氏の仕事は、和楽器店のアルバイトだ。

経済的には不安定でも、姿が好くて、物柔らかで、才能があれば文句はないか。

弟子と称する何人が、こうやって、彼に会いにくるのか。

いや、もしかすると、私もまた、その中のひとりなのかもしれない。

私も確かに、沢村氏には惹かれる部分を持っている。

ふたりっきりの時間が持てて、幸せだと思ったはずだ。

いずれにせよ、居心地が悪くなったので、加藤を待たずに、私は帰ることにした。

その旨を告げると、沢村氏は少し引き留めてから、頷いた。

いつの間にか、東雲から糸は外されていた。

早くも片付けられようとするその三味線を見た瞬間、再びの軽い眩暈(めまい)と共に、私は理由もわからないまま、胸の鼓動を速めていた。


「そっか。高橋もアプローチ中か。沢村さんはモテるねえ」

マンションを辞したあと、電話を掛けて、私は加藤と落ち合った。

部屋を出てきた事情を話すと、彼女は苦笑したのちに、やや皮肉げにかぶりを振った。

「でも、まだ結婚はしないと思うな」

「どうして」

「以前、訊いたのよ。弟子の中に本命はいないのって」

「そんな個人的なこと、よく訊けたよね」

「気になるじゃん」

屈託なく、彼女は笑った。

「そうしたら、お金も時間も全部趣味につぎ込んでるし、こういう生活をわかってくれる人も少ないしって。専門的なことを知らないのはいいんだけど、楽器の保存や音と湿度、環境との関係は微妙だからね、エアコンを勝手につけられるだけで腹が立つんだって」

「ああ、なるほど」

三味線の皮が破れる一番の原因は乾燥だ。一度、皮が破れれば、その分、三味線の寿命は縮む。

（だから、水盤を置いているのか）

私はそう思い至った。

そうして、その気遣いの大半は、東雲のためではないのかと、根拠もなく考えた。

彼が東雲を爪弾いたときの記憶が戻ってくる。

香煙に似たあれは、なんだったのか。酩酊したような気分になった原因は、どこにあるのだろう。

単に、稀なる楽器での演奏を聴いたからなのか。

私は加藤に東雲のことは告げなかった。

とうに彼女はその存在を承知なのかもしれないが、あの糸が紡いだひとときは、秘密にしておきたかったのだ。

沢村氏と、私の秘密？

やはり、私も彼に惹かれているのか……。

数日間、私は自分の恋心に悩んだが、そのうち、自分の関心は別のところにあるのに気づいた。

東雲が見たい。

もう一度、東雲を沢村氏に弾いてほしい。

彼や、彼の部屋よりも、私の心を占めていたのは東雲だった。東雲あってこその沢村氏とあの空間だ、とまで私は思った。

元々、私は骨董趣味で、和物が好きで、邦楽が好きだ。古い生活・文化も好きで、江戸の文物には特に目がない。

東雲は細工に驚くような芸術品ではなかったが、往事の人の触れた気配が濃厚に漂っていた。

東雲がまだ新しい三味線だったとき、あの小振りの胴を膝に載せ、どのような人が何を弾いたのか。

江戸っ子らしい粋筋か。鉄火自慢の深川芸者か。はたまた墨色一色をぞろりと着流した色男か。

いくつも、物語が浮かんでくる。

当時、私は沢村氏に触発されて、三味線のＣＤをよく聴いていた。

それが、あの日以来、この曲は東雲ならばどんな音になるのだろうと、そんなことばかり考えるようになってしまった。

だが、日を置いて、沢村氏を訪ねても、彼は二度と東雲を私の前には出さなかった。

加藤を置いて、ひとりで訪問する機会も度胸もなかったからなのかもしれない。

裏腹、高橋という女性とは、それから数度、顔を合わせた。

恋する女性は、可愛いが怖い。

彼女は私に警戒心を抱いたらしく、結構、あからさまな態度を見せた。

お門違いもはなはだしいが、鬱陶しいことは確かだ。何より彼女が訪ねてくると、三味線よりもお喋りの時間のほうが長くなる。私は段々うんざりしてきて、それで、少し足が遠退いた。

東雲は心に掛かっていたが、それでも間が空けば、関心も薄くなってくる。残念な気持ちもあったけど、このまま疎遠になったとしても、思い出は心に残っている。それならそれで上等、と、私が思い始めた頃だ。

急展開が訪れた。

加藤から話を聞いたのは、琵琶の演奏会の帰りだった。

既に紅葉の季節も終わり、町はすっかり冬の装いに変わっていた。私達は木枯らしから逃れるように、小さな和食屋に落ち着いた。

「取り敢えずビール」と言ったのち、加藤は演奏会についてひとくさり述べ、それから、沢村氏のことを語り始めた。

「そういえばさ、沢村さん、結婚するんだって」

「ええ？」

私は素直に驚いた。

先日、聞いた話では、条件はかなり厳しかったはずだ。その難問をクリアする女が出てきたということか。

「相手は」

「なんと、これが高橋なんだな」

「えっ」

私はまた、素直に驚いた。

高橋のアプローチは知っていたが、正直、無理だろうと思っていた。彼女は沢村氏のことを愛してはいるのだろう。だけど、三味線のことは愛していない。

それが、どうしてこうなったのか。

いや、恋愛などというものは、理屈の通らないものだ。不釣り合いと思うのは、単なる私の僻目(ひがめ)であって、沢村氏にとって高橋は理想的な相手だったのか。

「それがね。どうも、できちゃった婚らしいのよ」

続いた言葉には、もう絶句した。

「あそこ、まともに稽古をする人よりも、沢村狙いが多かったじゃん？　だから、焦って、高橋はなりふり構わずに、ある手段に出たんじゃないのかな。うちらみたいのも出てきてたしさ」

「私達が何」

「稽古もしないのに、彼んちに出入りする不気味な女達、よ」

声を出して、加藤は笑った。

私は、はあ、と、言うのみだ。

常々、恋愛に対する女性の想像力は凄いと思っているのだが、こう来るとは思わなかった。

きっと周りにいる女性がすべて、高橋には敵に見えたのだろう。

それで、私達にも敵愾心を燃やしたのなら、ある意味、滑稽ともいえる。

だが、正直なところ、私はちょっと、この顚末にはがっかりした。

あの空間のバランスが崩れるのは残念だ。

できれば、私はあのまんま、沢村氏には独りで年を取ってほしかった。東雲と共に音を紡いで、私を酩酊させてほしかったのだ。

そういう意味では、私は確かに、高橋の敵だったに相違ない。

彼女はそれを察知して、現実的手段に訴えたのか。

「女は怖えな」

私は言った。

──『たぬき』が上がったから、聴きにきて。

そんなメールをもらったのは、沢村氏結婚の知らせを聞いた数日後のことだった。暫(しばら)く色々あっただろうに、気に掛けてくれていたとは嬉しいことだ。たとえ、彼が結婚しても、三味線に対する愛情と、彼自身が変わらないなら、私にはなんの不満もない。

私は翌日、空っ風の中、いそいそと彼を訪れた。

ここに来るのは久しぶりだ。

インターホンに招き入れられ、見慣れたドアのチャイムを鳴らすと、笑顔の沢村氏が現れた。

「お久しぶりです」

挨拶ののち、部屋に入って、私はふと、その空間に理由の見えない違和感を覚えた。観察力も記憶力も悪い私には、正確な理由はわからなかった。が、なんとなく、以前とは雰囲気が異なっている。

古(いにしえ)の空気で祓(はら)い清められていたような、静謐(せいひつ)で、現実離れした端正さが見当たらないのだ。

私が慣れたせいだろうか。

それとも、

(所帯じみてきたのかな)

まだ結婚はしてないはずだが、私はそんなことを思った。

だらしなくなったわけではないが、すべてが一段、俗っぽく見える。

沢村氏は着物姿だ。

この人は、着道楽でもあるのだろうか。それとも、『たぬき』のお披露目のため、わざわざ衣装を調えたのか。

彼は相当、値の張りそうな、泥染(どろぞめ)の大島紬(つむぎ)を着ていた。

しかし……似合わない、と、私は思った。

(なんだか、優男(やさおとこ)が分不相応なものを着ている感じなんだよな)

夏に着ていた上布も、決して安いものではない。なのになぜ、今日に限って、そんなことを思うのだろう。

普通の女と普通に結婚してしまうのが、私はそんなに気に食わないのか。

色々理屈を並べていたが、やはり彼が好きだったのか。

そんなことを思っていると、「すっかり、寒くなりましたね」と、沢村氏がエアコンのリモコンを取って、温度を上げた。

そのモーター音にハッとして、私は脇に目を走らせた。

水盤が空になっている。

(冬だから？)

蓮は枯れたか。

いや、湿度調節はいいのだろうか。

加湿器もないのに、水盤を空にしておいていいのだろうか。

(東雲は……)

思い至った途端、なんともいえない胸苦しさに襲われた。

不安と、その底にある怒りに似た感情が、鳩尾(みぞおち)に突き上げてくる。

結婚で浮き足立つのは構わない。だが、東雲はじめ、三味線はみな無事なのか。

彼のこだわりは嘘だったのか。

それとも、沢村氏にとって、東雲はその程度のものだったのか。

訊いてみたい。問い詰めたい。

しかし、私が口に出すべきことでもない……。

悶々（もんもん）として、そのとき何を話したのか、私は記憶していない。

ただ、『たぬき』は聴いた。

それだけだ。

三味線は東雲ではなかったが、沢村氏は相変わらず巧（うま）かった。

これだけの曲を弾きこなすには、相当稽古を積んだに違いない。それを舞台にも掛けず、私に聴かせてくれたのだ。

有り難くないはずはない。

しかし、その三味線の音も、以前より心に響かなかった。

こうと言えることこそないが、なんだかつまらないのである。

無論、不世出の天才である橘之助と、比べるほうが間違っている。それはわかっている。けれど、長い曲を聴くうちに、私は途中で飽きてしまった。

もちろん、弾き終わった沢村氏には、お礼を言い、お世辞も言った。

だが、残ったのは違和感のみだ。

そして、私は帰ったのちも、東雲のことばかりを考えていた。

沢村氏——否、東雲の消息を聞いたのは、年が変わってからだった。

またも加藤は、つきあってくれる人がいないから、と、私を津軽三味線とジャズピアノのコラボに誘った。

正直、この手は苦手だが、聞きたい話もあったので、私はその誘いを受けた。

話が出たのは、やはり演奏会が終わった後、居酒屋に落ち着いてからだった。

去年の暮れ近く、加藤は沢村氏の結婚祝賀パーティに出た。

その二次会で、彼女は彼が知人に話しているのを耳にしたのだ。

——「一番大事にしていた三味線の胴に、罅(ひび)が入っちゃって」

「古い三味線だったから、仕方ないって言ってたね。でも、そのせいか、沢村さん、すごく憔悴(しょうすい)していて……というか、まったくオーラがなくなっていて、正直なところ、びっくりしたよ」

「罅が入った？　東雲に!?」

聞いた途端、私は声を大きくした。加藤は驚いた顔をして、逆に、私に尋ねてきた。

「東雲って、何」

「彼が一番、大事にしていた三味線っていったら、それでしょう？　東雲を手に入れてから、三味線にのめり込んだって」

「聞いてないわよ。どうして、あんたがそんなことを知ってるの」

逆に加藤に問い詰められて、私は簡単に経緯を語った。

隠すこともない思い出だ。しかし、加藤は腕組みし、低く唸ったのちに笑った。

「よっぽど、気に入られていたんだね。高橋が危惧したように、彼はあんたに気があったのかも」

「それは違うね」

即座に私は首を振り、強い口調で先を続けた。

「昔の彼は、何よりも三味線を愛していたんだよ。もし、私が気に入られていたというのなら、しがらみや計算もなく、彼の三味線が好きで、三味線に対する沢村氏の愛情に敬意を表していたからよ。東雲を聴かせてもらったのは、単に気が向いたからでしょう」

「まあ、そりゃ、私がそんなの見たら、専門家に見せてみたいとか、これでCD作ろうとか言うだろうしね」

「そう。それだけだよ。なのに、何？　東雲はもう、どうでもいいわけ？　胴に罅が入るだなんて、加湿器も使わず、エアコンをつけていたのが原因でしょう？　彼が殺したようなものじゃない。奴に落ち込む資格はないわよ。一体、なんなのよ、あの男！」

話しているうち、どんどん私は激昂してきた。

最低な男だ。

あんなに彼女は彼に尽くして、才能も機会も夢も与えてきたというのに、現実の女に惑わされ、あの美しい生活を捨てるだなんて。

悔しい。

東雲があまりに哀れだ。

あんな、不人情な男はいない。

「こんなことになるんだったら、東雲を掻っ攫ってくるんだった」

呻いてのち、私は加藤の表情に気がついた。

ひきつった笑顔だ。

それを見て、私はすっかり東雲を擬人化していたことに気がついた。

加藤はきっと、思い込みの妄想に呆れているに違いない。

私はそう思ったが、彼女はむしろ神妙な顔つきになると、そっと身を乗り出してきた。

「実はね」

加藤は声を潜めた。

「私、何度か、あの家で女の人を見てるのよ」

「女の人？」

「うん。現実にいる誰かじゃなくて、幽霊っぽい……、影みたいなの。はっきり見たわけじゃないんだけど、日本髪を結った古風な美人で、芸者とか、明治辺りの遊女みたいな」

聞いた途端、ありありと脳裏にその姿が浮かんだ。

潤んだような切れ長の目に、通った鼻筋、僅（わず）かな受け口の紅の色。

重たげなまでにたっぷりとした黒髪を結い、中着は渋い紅唐桟（べにとうざん）。斜交（はすか）いに崩して締めた丸帯は矢鱈格子（やたらごうし）で、その際までも大きく半衿を見せている。

黒い長着は鬼縮緬だ。裾模様は白魚採りか。帆掛け船を描いた友禅に、小さな千鳥の刺繍（ししゅう）が散らばる。

浮かんだ姿は想像ではなく、逢ったことのある人を思い出すような感覚だった。

裾模様は朝ぼらけ。たなびく雲の様は東雲。

〝思い出〟の中で、姐さんが、ふふっと息を抜いて、私に笑う……。

組んだ手に、私は視線を落とした。

加藤は続ける。

「あんたの話しっぷりを聞いてると、私が見たのは、東雲という三味線の精霊だったのかも、なんて。そんなふうに思えてくるよ」

「加藤らしくもないこと言うね」

視線を上げて、私は笑った。

「らしくないとは失礼じゃん。そりゃあ、私はロマンチストじゃないけどさ。伝統芸能なんてものに関わっていると、話だけは色々聞くのよ。夜中に楽器がひとりでに鳴ったとか。亡くなった能役者が舞っていたとか。タブーのある演目があるのは知っているでしょう?」

「ああ、そうだよね」

「だから、あんたの言いたいこともわかるのよ。最近の彼、三味線の音も変わっちゃったし。濁ったと言えばいいのかな。音も存在も、透明感が失せてしまった感じがしてさ。それって、もしかして、今までは東雲とやらが力を貸していたんじゃないかって」

「取り憑かれていたって言いたいの?」

「そう。そして、憑き物が落ちて、沢村さんは普通の人になっちゃったのかも」

想像の果てに、加藤は彼の才能を案じた。

私は薄く唇を噛(か)む。

加藤が見、私が思い浮かべた女性は、東雲そのものかもしれないし、東雲を愛した、三味線の名手の霊だったのかもしれない。

もっとも、そんなものに愛された男が、一般的な幸福を得られたかどうかはわからない。

名人にはなったとしても、世に受け容れられたとは限らないし、人生を全うできたかどうかも怪しい話だ。

愛し合った相手が異形のモノなら、結末は大概、不幸に終わる。

『牡丹燈籠(ぼたんどうろう)』の露は新三郎を取り殺し、『信田妻(しのだづま)』の狐は去ったのだ。

しかし、束の間であったにせよ、その存在は男達に幸せを与えたはずである。東雲は、ひとりの三味線弾きに力を与えていたはずだ。

だが、沢村氏は現実を選んだ。

ゆえに、東雲は殺されたのだ。いや、もしかすると、東雲は自死を選んだのかもしれない。

いずれにせよ、三味線を介して彼に寄り添った魂を、私はひどく不憫(ふびん)に思った。

悪霊なら、相手の女を憎んで殺すに違いない。

けれども、彼女はそうしなかった。二度と鳴らぬ楽器として、現世から姿を消したのだ。

古風な女……。

考えるほど、切なくなってきた。

涙ぐみそうになったのを見て、加藤がまた仰天している。

私は照れ笑いをして、温くなったビールを口に含んだ。

そう、既に、私は理解していた。

私が好きだったのは、彼ではなく、彼女だったのだ。

茄子紺の縮緬を脱ぎ捨てて、姿を見せた瞬間に、私は恋に落ちていた。

きっと、東雲もそうと知り、沢村という男の撥を通して、私に束の間の夢を、ひときの夢の酩酊を分けてくれたに違いない。


加藤は沢村氏の演奏をCD化したいとは言わなくなった。

彼は今も三味線を弾いているけれど、あれから正式に就職し、会社員になったと聞いている。

子育てに、お金が掛かるのだろう。父親としての責任を果たすのは、悪いことではない。

壊れてしまった東雲が、今も手元にあるかは知らない。

既にもう、十年近く、私は彼には会ってない。

会いたいとも思わない。

私がもう一度、見(まみ)えたいのは、あのときの美しい空間と、美しいあの人の影のみだ。

——志乃々め姐さん。

郷愁

六本木の表通りから外れ、細い路地を辿っていくと、玄関先にヤツデの繁る木造家屋が現れる。

家はすっかり煤けているが、それでも隣のマンションよりは余程美しく建っている。

白金台の坂の下にも、似たような家が集まっていた。

渋谷にも赤坂にも原宿にも。

小綺麗な表通りは、ただの看板だといわんばかりに、こういう家々は古い気配を頑に身に纏っている。

下町とはまた違う。

ひと昔前、東京の片田舎であった界隈に残る家々からは、変わらない意地と変われないことへの羞恥と、変えられてしまった怨念がうっすらと立ち昇っている。

家に限ったことではない。

自由が丘にある知人の事務所に向かう途中、いつも小さな空き地に目がいく。ある日、そのことを尋ねると、数年前まで池があったと聞かされた。

フェンスに囲まれた小さな池は、程好く雑草が刈り込まれ、濁った水の中、数匹の太った鯉が泳いでいた。奥には石灯籠もある。

庭に造られた池だけが残ってしまった風情だが、そうなった理由はわからなかった。土地の所有者か、腰の曲がった老婆がときどき、鯉に餌をやっていた。

挨拶する機会はなかったが、彼女がその池を大切にしていることは見てとれた。老婆はいつも丁寧に、池のすべての世話をしていた。

しかし、あるときを境に老婆は姿を見せなくなって、敷地の雑草が伸び始めた。案じているうち、重機が入り、池は埋め立てられてしまった。

鯉の行方はわからない。

池は綺麗な更地になった。マンションが建つと噂に聞いたが、数年経った今も更地のままだ。この理由もわからない。

けれども、夜に前を通ると、時折、腰の曲がった影が地面に屈んでいるのが見えるという。

知人は言った。

「鯉に餌をやっているように思えるんだ」

池も鯉も、多分、老婆もこの世にないにも拘らず……。

話を聞いた帰り際、空き地で、ぼんやりとした小さな影を見た気になった。

気のせいとは思う。

だが、暫(しばら)くの間、郷愁に似た寂しさが、心にまとわりついていた。

誘蛾灯

記憶力は良くないほうなので、数ヵ月前の話となると、余程のことがない限り、出来事や時系列が曖昧になる。

それでもあのとき、バスのサイドミラーが壊れた音は明瞭に残っているのだから、やはりただ事ではなかったのだろう。

怪談専門誌『幽』五周年のイベントを終え、バスに乗ったのが午後七時頃。

打ち上げと慰安旅行を兼ねて、作家と編集者一同は、雨の中、海際にある大型スパホテルへ向かっていった。

時刻からして、ホテルの夕飯には間に合わない。

途中の居酒屋で打ち上げののち、一行は改めてホテルを目指した。

昼間ならば、並行する水平線が眩しく映える長閑な道だったに違いない。

しかし、夜十時を過ぎた今、周囲はただひたすら暗い。

居酒屋では盛り上がったが、さすがに修学旅行とは違う。バスの中は、皆、大人しかった。

私も早起きのツケが来て、眠かったのを憶えている。

ぼんやりと、暗い窓の外を眺めていると、田圃か浜か、遮るもののない地面の向こうに、ホテルのネオンが見えてきた。

疎らな明かりしかない雨の中、四角いその建物だけが、ライトアップされて浮かび上がっている。

(誘蛾灯だな)

私は思った。

ああいう場所には、いろんな虫が寄ってくる。

ふいと視線を逸らした隙に、ホテルは物の陰に隠れた。

道はいよいよ暗くなる。住宅街に入ったようだ。

こんなところからどうやって、目的地に出るのだろうか……。

そんなことを思っていると、いきなりバスが停車した。

到着した様子はない。

信号もない。

比較的前に座っていたので、私は伸び上がって、前方を見た。

フロントガラスの先に延びているのは、一本の細い砂利道だ。両側には草が茂っている。

先は行き止まりになっているのか、ヘッドライト以外の明かりはまったく視界に入らなかった。

大型バスの前方には相応しくない風景を見て、私はなぜかドキッとした。

「間違えた？」

「道を間違えた？」

車内から数人の声が上がった。同時に、方向転換を試みたバスが大きくハンドルを切った。

二、三度は切り返しただろう。窓に木の枝が激しく擦れる。

と、いきなり重機で車でも叩き潰したかのような、捩れた金属音が響き渡った。

皆がどよめく。

だが、バスはガリガリという音を立て、無理矢理方向転換すると、再び速度を上げ始めた。

何が起きたのか、わからなかった。

ただ、それから少しして、ホテルの灯の下でバスから降りると、巨大なサイドミラーが降車口にだらりと下がっているのが見えた。

雨に濡れた鏡は割れて、支えの部分は、まさに首の皮一枚で繋がっているという状態だ。

悲鳴を上げていたのは、これか。

見た瞬間、バスそのものより、ミラーを壊した対象物のほうが気になった。

個人所有でも公共物でも、無事では済まなかったに違いない。

後で申告して賠償するのか、それとも知らばっくれる気か。

気にはなったが、その件に関しては、こちらの関知するところではない。

しかし、なんにしろ、事故というのは嫌なものだ。

私は鏡から目を逸らし、エントランスホールに入った。

ホテルの中は明るかった。

金箔張りに似せた輝く壁と、赤い絨毯が目に痛い。

諸所に彩色された動物や、子供のブロンズ像が立っている。

手入れは行き届いているのだが、私は空間全体に、骨董というより古道具に似た経年の垢を読み取った。

さして古いホテルではないと、聞かされたのは後日のことだ。

はしゃいだふりをして写真を撮ったが、なぜか余計に気持ちが沈んだ。

多分……今思うと、あのとき既に、何かの予感はあったのだろう。

個人旅行だったなら、明るいけれども煤けたようなホールの空気に触れた途端、少しは警戒していたはずだ。しかし、あのときは修学旅行以来という団体旅行の空気に圧されて、どこを優先して気を回すべきか、よくわからなくなっていた。

加えて、大勢で騒いでいれば、おかしなことなど起きはすまいと高を括っていた部分もあった。

それが一時間も経たないうちに、易々とひっくり返されるのだから、私の勘もいい加減だ。

平穏だったのは、各々が一旦、割り当てられた部屋に落ち着くまでだった。

私が入ったのは五人部屋。

同室になったのは、漫画家の伊藤三巳華さんと、作家の立原透耶さん、宇佐美まことさん、そして編集部の岸本さんだ。

普通なら、ここでのんびりとお茶でも淹れて飲むのだろうが、生憎、時間が遅かった。私達は荷物を解いて、慌ただしく、大浴場に向かっていった。

宇佐美さんと岸本さんが先に行く。

そののち、残りの三人が着替えを持って風呂場に向かった。

ホテル棟と温泉棟は長い廊下で繋がっている。

私は方向音痴のために、立原さんと三巳華さん――伊藤さんより、そのほうが呼びやすいので、そう呼んでいた――の少し後ろを歩いていった。

エレベーターで下に降り、広い廊下の端に出る。片側は宴会場になっているらしいが、最早、深夜の十二時だ。

今は誰の姿もなくて、明かりを落とした空間が続いているだけだった。

森閑とした空間に、ホールで見たものと同系統のブロンズ像が並んでいる。

そこに足を踏み入れた途端、俄に空気の重みが変わった。

（ああ、そうか。ここもそうなのか）

私は微かに眉を顰めた。

賑やかな場所から人気が失せると、そこの空気の汚れが目立つ。

遊園地然り。劇場然り。

不特定多数の人間が娯楽に興じ、感情を動かす場所は、殊更、無人になると空気が淀む。その狭間に、現ならぬモノ達の影も揺れ動く。

理屈はわからない。

もしかしたら高揚した人々の感情の残滓なるものが、見えない影となるのかもしれない。または感情の残り香を、モノノケ達は好むのか。

いいや、それとも、ここに溜まっている影は、宴会という晴れの場で、誰かが落とした厄なのか。

どのみち、嫌な空間だった。

連れのふたりも、似たようなことを感じているのか、一瞬、会話が滞った。が、すぐお喋(しゃべ)りは再開されて、私達は少しだけ歩調を速めて歩いていった。

そう。

こういう場所は、気がつかないふりをして、通り過ぎるのが一番だ。

私もまったく可愛く見えない動物達のブロンズ像や物陰から視線を逸らして、ふたりと肩を並べていった。

できれば、急いで通り抜けたい。

しかし、通路の真ん中で、程なく、私達は足を留(と)めた。

大浴場に通じる廊下がどこなのか、わからなくなってしまったのだ。

こういった道迷いも、大型ホテルにはつきものだ。

あまりにも通路が長かったので、我々は不安を抱いた。

「お風呂って、どこにあるんだっけ？」

「階段下りるの？」

「その階段は？　もっと先？」

皆できょろきょろしていると、立原さんが小走りになった。

「あっちですよ」

彼女は躊躇うそぶりも見せずに、襖の並んだ先に向かった。

「違うんじゃない？　そっちは宴会場でしょう」

「いえ、こっちです。その先です」

部屋と通路は、途中から壁で隔てられている。

通路側はまだ照明が点っているが、襖の並んだ奥は真っ暗だ。

立原さんは早足で、暗い通路の奥を目指した。

案内板もないのにどうして、彼女は確信を持てたのか。

私は立原さんに並んだ。

すると、突然、暗闇の奥から、大勢のざわめきが漏れてきた。

酒宴の最中そのものの、はしゃいだ声だ。笑い声が微かに交じる。

「……違うよ」

私は首を振った。

「だって、ほら」

立原さんは歩き続ける。

——違うよ、それ。生きている人の声じゃない。

思わず手を出したものの、袖は捉えられなかった。

それ以上、追いかけなかったのは、実話怪談をものするくらいの彼女なら、大丈夫だろうという思い込みと、それに勝る忌避感からだ。

私はその場に留まった。

立原さんは奥に走って、五秒も経たずに戻ってきた。

微かに、顔がひきつっている。

「違いました……」

「うん……」

目を見交わして、私達は遥か手前で待っていた三巳華さんの許に引き返した。

三巳華さんは何をどこまで感じているのか、にこにこと笑っているだけだ。

「なんで、立原さんともあろう人が、ああいうトラップに引っかかるかね」

「だって、声が聞こえたから。賑やかに思えたんですよ」

再びお喋りを再開すると、大浴場に続く階段は、それからすぐに見つかった。

「ああ、ここだ」

「わかりづらいよね」

私達は角を曲がった。同時に、なんの前触れもなく、立原さんが膝をついた。

「どうしたの⁉」

返事がない。

立原さんは蹲(うずくま)ったままだった。

三巳華さんと私は顔を見合わせる。

確認したわけではないが、多分、ふたりが思ったことは同じだったに違いない。

「歩ける？」

顔を覗(のぞ)き込んでも、立原さんは動かない。

私は三巳華さんを仰ぎ見た。

「お祓(はら)いとか、できないんだけど……」

言葉を受け、彼女は一瞬、戸惑いを見せた。が、私にまったく手段がないのを見て取ったのか、

「じゃあ、ちょっとやってみましょう」

と、立原さんの背後に回った。

彼女は音の立つほどの勢いで、数度、立原さんの背中を叩いた。

「男の人が入ってる」

三巳華さんは断言した。

乾いた音が響き終わると、立原さんはふらふら膝を伸ばした。

「すいません。楽になりました」

「うん。でも、まだ残っている」

階段を下りかけた彼女の背中を、三巳華さんは尚も叩いた。

傍(はた)から見たら、突き落とそうとしているように見えただろう。

だが、そのお陰で、どうにかこうにか、立原さんは歩き始めた。

後で伺ってみたところ、三巳華さんは自分の「気」を立原さんの中に入れることで、入ったモノを追い出したという。

なるほど。ところてん方式か。

「こういうときは、技を持っていると心強いですね。私は『神社に行け』くらいしか言えないから、倒れて動けないとなると、どうしていいかわからなくって。……でも、正直なところ、ああいうことで、ドラマみたいに人が動けなくなるのって、私、初めて見ましたよ」

「私もです」

三巳華さんは微笑んだ。

仕草が堂々としていたので、彼女の周りではありがちなのかと思ったのだが、どうもそうではないらしい。

とすると、立原さんの状況はかなり珍しかった上、怖い出来事だったのだろう。

大浴場に着いたのち、立原さんをフォローしながら、三巳華さんが先に風呂場に向かった。

広い脱衣場に残されて、のろのろ支度をしていると、ずらりと並んだロッカーの陰から、今度は母と子のものらしき声が聞こえてきた。

またも陽気な、楽しそうな感じだ。が、回り込んで確認しても、声の主は見当たらない。

ついでに、脱衣場をひと巡りする。

誰もいない。

しかしながら、通り過ぎた物陰から、数人の女性達の声が響いた。

「……なのよね」

「そうよ、それが……」

「あはは。……だわ」

風呂場の中にいるように、反響して聞き取れない声だ。

これもまた、場所の記憶だろうか。

それとも、ここには人ならぬモノが集まるだけの理由があるのか。

詮索しても埒は明かない。

(楽しそうだから、まあ、いいか)

私はふたりを追いかけた。

風呂場はまた、広かった。

とはいえ、ここの雰囲気も、脱衣場とさして変わらない。

落ち着かないまま、打たせ湯や薬湯をうろうろしていると、大きなふたつの浴槽の間で空気が変化した。

何かが腰にぶつかってきた。

(あれ。おかしい)

振り向くと、立原さんがついてきていた。

「立原さん、そこ危ないから!」

「え？　あ……足が重いです」

彼女、今日は厄日のようだ。

ともかく、このまま立原さんをひとりで戻すのは危険だろう。

三巳華さんと相談した結果、今度は私が付き添って、部屋に戻ることにした。

何せ、帰りも行きと同じ通路を通らなければならないのだ。

しかも、立原さんは頼みにしているお守りを部屋に置いてきてしまったという。

どのみち、風呂の中までは、お守りは持ち込めない。けれど、それがないと不安というなら、早く戻ったほうがいい。

夜が更けて、帰りの通路はいよいよ気味悪い雰囲気だ。

「こういう場所は陽気なほうがいいんですよね。歌でも歌いますか」

「いいから、急いで」

強がってみせる彼女を引っ立て、私達は部屋に飛び込んだ。

部屋では、宇佐美さんがひとりで待っていた。

のちに聞いたところによると、彼女は「お帰りなさい」と言ったそうだが、その声は、私には届かなかった。

立原さんが布団に倒れ込むのをちらりと見、私は洗面所に駆け込んだ。

自分自身にさしたる影響は感じなかったが、不快感がないとは言い切れない。

こういうときは、丁寧に手を洗って、喉の奥までうがいをしておくのが一番だ。

(なんのために、風呂に入ったのやら)

普通なら、風呂に入るのが、お浄めの手段であるはずだ。

なのに、行き帰りの通路はぬかるみ同様、風呂場は風呂場で泥の沼だ。

なんだか腹が立ってきたものの、怒りをぶつける相手はいない。

思う存分、うがいをし、洗面所から顔を出すと、宇佐美さんはいなくなっていた。

立原さんは俯せたままだ。影響が残っているのだろう。

経験上、見えないモノに触れられたり、障りというものに遭遇したときは、原因を取り去っても暫くはダメージが残る場合が多い。

泥を払っても服に残る染みというか、犬を追い払っても、嚙まれた怪我まで消えるわけではないというか——私はそんなふうに考えている。

ともかく、単に肉体的に辛いように見えたので、私は彼女の許可を得て、気功の真似事をすることにした。

知人の気功師から教わった、素人でもできる方法だ。

無論、素人でもできる方法なので、素人程度の効果しかない。だが、少しすると、立原さんはお喋りができる程度には回復した。

途中、宇佐美さんと岸本さんが戻ってきて、私のやることを面白そうな、珍しそうな顔で見ていた。

「お祓いではないんです」

誤解のないよう、私は言った。

プロの気功師の中には、憑き物を落とす人もいるという。

しかし、私は方法を知らない。

大体、私は「見る」といっても、自分の意志で見ることはできない。

見たいと思っても見えないし、見たくないと思っても、見るときは見る。

ゆえに、先程、立原さんに憑いたものの正体すらわからなかった。

これも後で三巳華さんから聞いた話だが、私の気功もどきを興味津々で眺めていたのは人間だけではなかったとか。

だが、私はそれにも気づかなかった。

（そういうこともあるかもしれない）

誰かが、自分のわからないことを示したときは、いつもそう思っているだけだ。

立原さんが落ち着いたのを見て取って、皆は宴会場になっている男部屋に出掛けていった。

私は立原さんとふたりで残った。

そして、うとうとし始めた立原さんの邪魔をしないよう、続き部屋に引きあげた。

五人の部屋は、和室と洋室の二間続きで、奥にある洋室に、私と三巳華さんが寝ることになった。

組み合わせの理由はふたつある。

ひとつは、私が喫煙者で、立原さんが煙草の煙が苦手だということ。

そして、もうひとつは「見る」体質の人間は分散したほうが良いという、経験上の法則からだ。

敏感な人が集まると、なぜか、おかしなことも増幅するのが常なのだ。

ならば、弱っている立原さんは、ひとりのほうがいいだろう。

加えて、三巳華さんは私以上にお化け馴れしているようなので、洒落にならない事態になったとき、私自身が心強い。

「とはいえど、だな……」

ベッドに座って、私は溜息を吐いた。

入り口に近い和室より、洋室の空気は重かった。

私は換気のため、窓を開いた。

眼下には夜の海が広がっている。

もう少し天気と気分が好かったら、散歩にでも出掛けるのだが、生憎、寝不足とイベントで、私も疲れてしまっていた。

(寝るか)

多分、ほかの人達は明け方まで騒いでいるに違いない。

旅先には必ず持っていくお香にそっと火を点けて、私は一旦、ベッドに入った。

目を瞑ると、すぐにでも眠れそうな気がした。

が、うとうとした途端、今度は耳のすぐ側で、誰かが何かを告げてきた。

低く濁った男の声だ。

目を閉じたまま、私は無視した。

この空間に、生身の男がいないことはわかっている。

しかし、男は執拗だった。

特に恐怖は感じなかったが、私はそっと薄目を開けた。

足許近くに、軍服を着た黒い影が立っていた。

大した知識は持っていないが、旧日本軍といった感じか。軍帽がやけに目立っている。

（馬鹿馬鹿しい）

私はまた、目を閉じた。

すると、今度は甲高く掠れた女の声が聞こえた。

再び薄く目を開ける。

闇の中に現れたのは、着物姿の仲居さんだ。

思わず、心で舌打ちをする。

普段の私なら、なぜこんなところにいるのか、とか、言いたいことがあるのかとか、お節介な想像を巡らせるのだが、このときは気持ちが動かなかった。

理由はわからないけれど、私は彼らがふたりとも「贋物」だと直感していた。

軍人のふり、仲居のふりをしているが、本体はきっと別物だ。

ブロンズの馬が、本物の馬ではなく、金属だというのと同じ――なぜか、そんな比喩が浮かんだ。

（大体、こう都合好く、見えること自体が胡散臭い）

再び目を閉じても、声は消えない。

それどころか、人声は増えてきた。

ざわ、ざわ、ざわ、ざわ。

どれもはっきりとした意思を伝えるものではなかったが、何ともいえず騒がしい。

改めて、私は目を開け、立った。

そして、旅行鞄から、これもお香同様に、いつも持ち歩いている耳栓を出した。

こいつらを相手にする気はない。

私はただ、寝たいのだ。

しかし。

声は耳栓を通して、尚も囁いてきた。

ほかの生活音が遮断され、一層、訳のわからない声だけが強く響いてくる。

「……そりゃ、そうか」

私は苦笑して、耳栓を外した。

こういうものの声がどう聞こえ、時折、なぜ人の目に映り、場合によっては触覚に訴えるのか。これも理屈はわからない。

とはいえ、実際の五感とは別のところで、感じ取っているのは確かだ。

現実的な防御は無駄だ。

眠りに就くのを諦めて、意識を向けないように部屋から出ると、立原さんの足許辺り、もやっとしたモノが漂っていた。

こちらもまだ、完全には離れてないらしい。

「ていうか、お化け屋敷だな」

なんとか気分を変えようと、私は宴会部屋に顔を出した。

しかし、ここも落ち着かなかった。私はすぐに部屋に戻った。

どこにいても、所在ない。

多分、このホテルにいる限り、朝まで眠れないだろう。

仕方なく、私は煙草を吸ったり、本を読んだりして時間を潰した。

軍人まがいと仲居まがいが、こちらを見ているのがわかる。

それを徹底的に無視していると、丑三つ刻(うしみつどき)すら過ぎた時刻に、ほかの人達が帰ってきた。

「起きてたんですか」

三巳華さんにそう問われ、私は笑って頷(うなず)いた。

これで、少しは寝やすくなる。

ホッとしたものの、まがいものの幽霊ふたりが、足許から離れる様子はなかった。

私は諦め、目を閉じた。

再び眠りに引き込まれていく。

三巳華さんが来たせいか、不快な声は響かない。

代わり、折れたサイドミラーの映像がはっきり、脳裏に浮かんだ。

続いて、バスの前方に広がった行き止まりの道、その闇がありありと甦ってきた。

（あのときから、既にいたのか）

布団を被り、私は眉を顰めた。

（いや、その前からいたのだろうか）

イベント会場――そこで話された内容に、何かが惹かれてまとわりついて、様々なものを巻き込みながら、このホテルにいるモノ達と、出会い、邂逅し、雑ざって騒いで……。

（誘蛾灯だな）

思ってから、私は先刻、同じことを考えていたのに気がついた。

そうだ。

ホテルを見た、あのときから。

（私達は呼び寄せられていた）

あやかし好きの連中が、あやかしを語り、あやかし達と一緒になって、あやかしの棲むホテルに吸い寄せられる。

先程の宴会部屋で、私が落ち着かなかったのは、そこの空気がこの部屋と大差なかったからだった。

あのとき、見えない連中がどれほど同席して、酔っていたのか。

各々の部屋には、どれほどの悪戯好きの幽霊達が待っていたのか、わかりはしない。

彼らは思っていたかもしれない。

――私達の仲間が来た。

――私達のことを気に掛けて、好きだと言ってくれる人達が来た。

ならば、すべては歓迎のセレモニーということになるだろう。

(業だよな)

心で、私は苦笑した。

眠れないのは辛かったが、「こんなこと、二度と御免だ」と言い切れないのが、こちらの弱みだ。

(あやかしも怪談好きも、所詮は同類なのかもしれない)

同じ誘蛾灯に集まる虫の種類が似ているのと同様だ……。

こんな結論を出してしまうと、クレームがつく虞もあろうか。

いや、なんとなく、私は信じている。

三巳華さんもほかの人達も、そして立原さんですら、この説には頷いてくれるだろうことを。

案の定、翌日、私達は皆から質問攻めに遭った。

渦中にいなかった「不運」を嘆く声の、なんと多かったことだろう。

私に、三巳華さんに、立原さんに問いかけてくる目は、好物を前にした子供のように、みな、きらきらと輝いていた。

（業だよなあ）

改めて、私は考えた。

幽霊に遭うのは、時として怖いし、不愉快でもあるけれど、縁は切れないし、切りたくもない。

そして、私達は出会った不思議を記して楽しみ、糧を得る。

ある意味、幽霊よりも質（たち）が悪いか。

だが、その所行を諫（いさ）められても、足抜けしたいかと問われれば、否と言うほかないだろう。

罠と知っても慕い寄る。

それこそが我らの真骨頂——と言っていいかは不明だが、少なくとも、私は今後も、怪異という誘蛾灯には、まったく克てる見込みが立たない。

カチンの虫

怖いものは？

訊くと「生きている人間」と答える人が多くいる。

理解はできるが、つまらない答えだ。

だが、怪談の場においても、「生きている人間」に関する恐怖は、恐ろしいものの上位に位置している。

生霊についての話がそれだ。

死んだ者の霊というのは、ある意味、それ自体が本体なので、霊そのものに対処すればいい。

しかし、生霊の本体は、生きて、生活している人間だ。

念の供給元である生身の人の恨みが消えるか、あるいは相手そのものがこの世から消え失せない限り、断ち切ることは難しい。

その上、人の念というのは、いとも簡単に形を成す……私はそう考えている。

生霊というものは四六時中、相手を恨み、呪うことで出てくるものではないと聞く。

ぼんやりと相手を思っていたり、相手に似た人を見て、連想したりするだけで、念というものは飛ぶという。

ある人のことを思っていたら、相手から電話が掛かってきたなどということも、ある種の生霊の仕業といえよう。

念が人の形を取るのは、強い思いが必要らしいが、些細な念は些細であるゆえ、些細なモノの形を作る。

そして、私には、それは黒い羽虫に見えるのだ。

先年、久しぶりに知人に会った。

仮に英子としておこう。

英子と出会ったのは、二十年以上前になる。彼女は一流の大学を出、一流企業に就職したのち、誰もが名前を知っているマスコミ関係の人と結婚し、今は高級住宅街でセレブとして暮らしている。

さして親しい仲ではない。

加えて、ライフスタイルに共通点がないために、ここ数年は、お互いまったく、音信不通の状態だった。

ところが、ある日、私は英子と夕食を共にすることになった。

彼女の夫と仕事がらみの話があって、そこに英子も同席したのだ。

夫は声の大きな人で、私は少々苦手だった。が、英子に会えるのが楽しみでもあり、いそいそと私は出掛けていった。

異変に気がついたのは、席に着いてすぐのことだ。

英子の顔色があまり良くない。というか、どこか、違和感がある。

話をしながら、気取られないよう、違和感の因を探っていくと、やがてひとつの結論が出た。

目の錯覚か、彼女の顔が灰色の薄いプラスチックで覆われているように見えるのだ。

生身の肌が見えない気がする。

化粧のせいではない。

肌の上にぴったりと、透明な「殻」が張りついている。

——どうして？

心の動揺を覚られぬよう、密かに様子を窺うと、英子の周りを小さな虫が素早く飛んで、姿を消した。

小蝿に似ている。

ここのレストランの衛生管理はどうなっているのか。

私が眉を顰(ひそ)めたとき、再び虫の姿が見えた。

それは英子の口の中から、飛び立っていったように思えた。

まじまじと、私は彼女を見つめた。

白目の上で、黒い何かがちらりと動いた。

尚もよく見れば、プラスチックの「仮面」の下で、黒い点が時々蠢(うごめ)いている。

鳥肌が立った。

――巣くわれている。

羽虫の念は細かいからこそ厄介だ。

明確な怨恨(えんこん)や憎悪がなくとも、それは簡単に飛んでくる。

カチンと来た、それだけで、虫は形を成してしまうのだ。

「なに、その言い方」「馬鹿じゃないの？」「挨拶も満足にできないんだ」

虫はそういったカチンやら、ムカッやらが取った形だ。

思えば、英子は昔から鼻持ちならない女だと、周りから陰口を叩かれていた。

学歴や職業、夫の自慢、そういうことを意識なく、彼女は口にする癖がある。

私もまた、英子の自慢話には何度もカチンと来ていたひとりだ。

「最近、世田谷のほうでお菓子作りを習っているの。知っているかしら。本も出している先生で……。今日、そこで作ったお菓子を持ってきたのよ、食べてみて」

茫然としている隙に、彼女は小さな紙袋から、マカロンをひとつ取り出した。

「残りは持って帰ってね」

そして、紙袋をこちらに押し出す。

お菓子どころではない心境だったが、にこにこしている夫婦を前に辞退することもできないで、私はマカロンを口にした。

食べた途端、正直、不味いと思った。

しかし、それも口に出せはしない。

私はお世辞を言い、食事をし、お喋りをしたのち、店を出た。

時間はもう深夜に近い。

——疲れたな。

ひとりで駅までの道を歩いていくと、走ってもないのに、じんわりと横腹が痛くなってきた。そして、その痛みは急速に増し、私は歩道の脇に屈み込み、脂汗を流して腹を押さえた。

ふと、脳裏に菓子が浮かんだ。

――お裾分けされたか。

そんな言葉も浮かんできた。

私は足を引きずりながら、バッグからマカロンの入った紙袋を取り出して、近くの自販機のごみ箱に捨てた。

アルミ缶専用のごみ箱だったが、そんなこと構っていられない。

プレゼントを捨てたことにも罪悪感は湧いてこなかった。

案の定、少しすると横腹の痛みは治まってきた。

厄のお裾分けはそれでもう、始末できたと思っていた。

だが、食べた分はしっかりと吸収されてしまったらしい。


その晩のことだ。

寝ていると、隣に誰かが横たわっている気配がした。

暗い中、寝惚(ねぼ)け眼(まなこ)で視線を投げると、英子が私に寄り添っていた。

その肉体から黒い羽虫が出入りして、体中を這(は)っていく。

私は飛び退こうとして、金縛りに遭っていることに気がついた。

まったく体が動かない。

暫く藻掻いて漸く金縛りを解いたと同時に、私はベッドから飛び起きた。


——夢だ。

びっしょりと、汗をかいていた。

私は溜息を吐いて、水を飲もうと部屋を出た。

廊下は暗い。

電気のスイッチに手を伸ばしつつ、廊下に踏み出したその途端、ずぶっと素足が床に嵌まった。

息を呑む間に、床は真っ黒い泥土と化して、体が沈み込んでいく。

「明かりを点けて！」

手がかりのない壁に爪を立てながら、私は叫んだ。

「誰か！　早く明かりを点けて！」

そこで、私はまた飛び起きた。

これもまた、夢だったのだ。

私は暫く、今いる世界が現実かどうか、息を凝らして闇を見つめた。

耳許で、微かな虫の羽唸りがした。


生霊というのは、念を飛ばした相手に非があるとは限らない。彼女があれだけの虫にたかられるのは、英子自身にも問題があろう。

それを綺麗にするためには、彼女が生き方そのものを変えなければ無理なのだ。

単に幽霊を見たり、通りすがりに取り憑かれるといった話は、ある意味、単純でたわいない。

だが、生霊は厄介だ。

本気でそれを祓うには、送り手と受け手双方の人生観や価値観にまで干渉していかなくてはならない。

私には、生憎そんな技量はない。

大体、あんなにも虫にたかられ、巣くわれてしまってはもうだめだ。ある意味、彼女自身が既に、ある種の生霊であり、生霊の媒介であり、厄の培養土となっている。

いつか、あの「殻」が破れたら、英子は人としてあるべき姿すら失ってしまうに違いない。

そんなものに、私は手を出せない。

ゆえに、私は何も言わずに傍観することにした。

幸いにして、英子は元気だ。

あれ以来、縁ができたのか、ときどき英子から電話が掛かる。

彼女は相変わらず、いつも自信に満ち溢(あふ)れている。

私が感じたもろもろは、ただの気のせいだったのか。

けれども、電話を切った後、我が家には必ず、小さな、黒い、蝿に似た虫が飛んでいるのだ。

いきよう

まったく奇妙な虹だった。

虹の根元には黄金の、あるいは宝の入った壺があるといわれている。天空に架かる大きな虹はいつも遥か向こうにあるので、その宝物は手の届かないものの象徴のはずだった。

なのに、その虹は杉木立の手前に橋脚(きようきやく)を立てていた。

ここ、遠野(とおの)に入って以来、降ったり止んだり、狐の嫁入りに出くわしたりと、傘の手放せない日が続いていた。

その日も朝方晴れただけで、雲は厚くなる一方だった。

もっとも今日のルート自体、一際黒い雨雲目掛けて突進するようなものだったので、天気が下り坂に向かうのは、気象学上、自然なことだ。

しかし、突然、空は晴れ、不思議な虹が架かったのだ。

虹は国道左にある杉木立の奥から立っていた。

そして小さな弧を描き、里山の緩い勾配(こうばい)の向こうへ、片脚を延ばしていた。

私達は車を降りて、しばし濡れた国道に佇んだ。

「これは吉兆？」

隣に立った編集長が訊いてきた。

私は「多分、でもなあ」と煮え切らない答えを返しつつ、

（虹の橋の根元にあるのは、ええと、死体じゃなかったよね）

過ちと知りつつ正せない記憶に首を捻っていた。

なぜ、黄金の壺が死体になったのか。

正解を思い出したのち、連想の経緯はすぐにわかった。

「六部殺し」と、その財宝を、重ねてしまっていたためだ。

六部は六十六部の略称で、法華経を六十六部書写して、全国六十六カ所の霊場に奉納して回った遊行僧を指す。

そして「六部殺し」とは、ある家が富裕になった原因を、六部を殺して金品を奪ったことに求める伝承だ。

因果話ゆえ、大概、のちに家は祟りで没落する。

この伝承は全国にあり、民俗学者は一共同体に突如現れた分限者、あるいは富貴な一族が没落した理由付けとして各地に流布したと解説している。

しかし、そのすべてが事実無根の噂に留まるものなのか。

そう思うのは、これから我々が目指す化け物屋敷が化け物屋敷となった所以こそ、旅人、山伏、または六部を殺した祟りとされているからだ。

昔話ならばともかくも、今ではむしろ荒唐無稽な因縁が付与される家が現存するとは……。

時代錯誤のちぐはぐさが、私にはむしろ無気味に思えた。

ゴールデンウィークが過ぎてすぐ、岩手県遠野に来たのは、怪談専門誌『幽』の取材のためだ。

テーマは佐々木喜善を中心とした『遠野物語』周辺だ。

ゆえ、本来ならば、柳田翁もご存知ない化け物屋敷を訪れるのは、取材の趣旨から逸脱している。

なのに、あろうことか某公務員からその情報がもたらされた途端、化け物屋敷探訪は当取材における優先順位第一位に躍り出たのだ。

正直なところ、気が進まなかった。

理由はふたつある。

第一は言うまでもない、怖いからだ。

第二の理由は、如何（いか）なる理由があろうとも、そういう場所に行くこと自体、私は不敬と判じるからだ。

伝説を真実とした場合、殺された人の不幸、祟られた人の不幸の果てを見物しにいくことになる。そしてもし、そこが本当に祟りの現場であるならば、自ら踏み込んで災禍に遭うのは、愚か者の自業自得以外の何物でもないだろう。

そんな業は背負いたくない。

だが、ほかの皆が躊躇（ちゅうちょ）なく、行くべしとの決意を示したために、私だけがかぶりを振って拒否することは叶わなかった。

辛うじて出した注文は、なるべく早い時間に行き、日暮れ前には絶対、現場を離れたいということのみだ。

毎号、この雑誌では、テーマに沿った取材をするのだが、メンバーはほぼ固定されている。

即ち編集長の東雅夫、編集者Ｒ、写真家ＭＯＴＯＫＯ氏とそのアシスタント、そして、物書きである私の五人だ。

その五人を乗せた小型のバンが峠に差し掛かったとき、件（くだん）の虹が出現したのだ。

虹は濡れた国道の先、アーチのごとく輝いている。中央に「歓迎」の大看板でも掲げられていそうな感じだ。

吉兆かと訊かれたとおり、悪い感じはしない。だが、目的地が目的地だけに、私は素直に頷(うなず)けなかった。

ともあれ珍しいことなので、慌ただしく写真を撮って、再び車を走らせた。

虹というのは、よく見ると内側と外側の大気の色が微妙に異なっているものだ。弧の内側は外に広がる空よりも僅(わず)かに白く、淡く輝く。そこに突入していくと、気のせいではなく空気が変わった。

思わず声が漏れた一瞬後、ひと目でそれとわかる廃屋が、我々の視界に飛び込んできた。

「ここだ。間違いない」

車が停まった。

芽吹きの遅い、北国の灌木(かんぼく)の向こうに廃墟はあった。

いつから建っていたものなのか。腐り落ちた茅葺(かやぶ)き屋根を貫いて、木が生えている。

窓は黒い穴と化し、戸板は歪(ゆが)み、傾いている。

人が住まなくなったのち、長い間、手つかずで放置されているのは明白だった。

噂によれば、その廃屋から夜な夜な人の足音や、包丁を研ぐ音が聞こえるのだとか……。

文字にすると陳腐な怪異だが、遭遇したらさぞ怖かろう。

三々五々車を降りて、我々はまずガードレールを間に置いて家を眺めた。

一番、予想外だったのは、疎(まば)らながらも近くに人家が立ち並んでいたことだ。

加えて、廃墟そのものも、ここまで朽ちているにも拘(かかわ)らず、漆喰(しっくい)を塗った壁だけが洗われたごとく真っ白なまま、保たれているのも妙だった。

のちに知った話では、昭和五十年代初頭まで、人が住んでいたという。

だからだろうか、六部殺しや包丁を研ぐ音という、古臭い怪談の舞台としては迫力不足な感じがあった。

もちろん、嫌な感じはある。が、躙(にじ)り下がりたくなるような強い忌避感は湧いてこない。

人家があるせいかもしれない。雲の切れ間から、東北の遅い春の光が降り注いでいるせいかもしれない。

今し方までの雨に濡れ、梢の一々は雫(しずく)を留めてさざめくように輝いていた。

弱々しい下草も、早緑(さみどり)に萌えて、各々の小さな葉先を光らせている。

廃墟とその因縁さえなかったら、なんとも長閑(のどか)な風景だ。

ガードレールの切れ目から、皆が集落への坂を下り始めた。私も続いて草を踏む。

そうして数歩、進んだときだ。

耳に囁き(ささや)声が届いた。

――いきようがない。

私はひとつ、瞬きをした。

囁きは男女の区別もつかない。

しかし、それが現(うつつ)の声でないことは、確かめるまでもないことだった。

私は皆から離れている。

ほかに人はいない。

だが、声は息が掛かっても不思議ではないほど近かった。

――いきようがない。

眉を顰め(ひそ)、私は足を留め(とど)た。

早速、おいでなすったか。怯え(おび)てもいいのだろうけれど、恐怖はまるで感じなかった。

私はただ、囁かれた言葉の意味を解することに集中した。

(行きようがない？　道が違っているということ？)

神社は鳥居から入る。

家は玄関から入る。

こういう場所も、道筋というのは定まっているのではなかろうか。

そんなふうに思ったのは、道のない国道から入ったことが、心に引っかかっていたからだ。

引っかかった理由自体、今思えば見当たらない。

しかし、そのときは、微かに、確かに、嫌な気分を抱いたのだ。

私は周囲を見渡した。

冬枯れで気配を殺しているが、よく見れば廃墟の周囲に数本、ぐるりと木が植わっている。敷地を囲むものなのか。

貧弱に捩れた枝を透かすと、その木の向こう、消えかけた踏み跡があるのが確認された。

あれが道だろう。

だとすると、国道側は玄関の反対に位置することになる。

私は木々の外を回った。

歩いてみると、内側と外の土地の差は明瞭だった。

立木の外を行くことは、即ち田畑の跡や絡まる蔦の間を縫っていくことだ。

裏腹、敷地の内側は枯れ芝のみで平坦だ。

皆がそこを選ぶのは妥当だ。しかし、

（廃墟にしては、整いすぎている……）

私は微かに首を傾げた。

回り込みつつ、遠くから、私は化け物屋敷を眺めた。

陽光の下、朽ちた家屋は穏やかに静まり返っている。

梢に光る水滴が一粒一粒、不思議なまでに明瞭に輝いていた。

まるでクリスマスの電飾だ。

聖夜のひとときを過ごす、ホテルのエントランスのライトアップだ。

ふと、虹のアーチが思い出された。

歓迎！　歓迎！　ようこそ、いらっしゃいました！

ゾッと鳥肌が立った。

その途端、

——いきようがない。

再び声が耳朶を打った。

押し殺した囁き声は、最初と同じものだった。

けれども、今回、その声は異なった意味を持って心に響いた。

――生きようがない。

最早、生きる術をなくした人の嗟嘆として聞こえてきたのだ。

（そうだ。ここが六部殺しの場所ならば……）

草を踏み締め、私は思った。

日暮れの迫ってきた峠。

疲れ果てた旅人が細い山道を登ってくる。

今日中に、遠野の村に入れるだろうか。暮れれば、山犬や狼が出てきて人を襲いはしないか。

焦り始めた心を抱いて、旅人は懸命に足を速める。

この辺りに、宿があればいいのに。

そう思ったとき、まるで願いが形になったかのように、温かな家の灯が見えてくる。

旅人は安堵の息を吐き、吸い寄せられるごとく家に寄り、頭を下げて宿を乞う。

行き悩んだ旅人を、家人は迷惑がることもなく、労り、優しい微笑を見せて、暖かな囲炉裏の傍（はた）を勧める。

まるで待っていたように、旅人の前に食事が置かれる。

むしろ歓迎するように、旅人の前には酒も置かれた。

なんて、親切な人達だろう。

旅人はすっかりくつろいで、村に入る前の一夜を過ごす……。

――いきようがない。

再度の声に、私は息を漏らした。

思いはただの想像だ。

だが、眼前の光景とおぞましい伝説の接点に、定型すぎるこの物語が、なんともいえない感触を伴い、滲（にじ）み出してきたのは確かだ。

(騙（だま）されないようにしないと)

私は尚、慎重に歩を進め、やがて家の正面に立った。

同時に、陽気のスイッチを切ったごとくに光が失せた。

「太陽、待ちます」

既に撮影に集中していたカメラマンが、空を見上げて手を止めた。

日向の温もり、雫の輝き一切が失せ、化け物屋敷は新たな、そして真実の顔をこちらに向けた。

私は微かに口を歪めた。

国道で見た白い背中とは、別物だ。

廃墟は最早、家とも言い難いほどに朽ちていた。

裂け崩れ、壁はほとんど残っていない。

それなりの風情のあった茅葺き屋根も、正面では腐ったざんばら髪を疎らに残しているにすぎない。柱はすべて傾いている。

壁がないにも拘らず、中の様子が窺えないのは、枯れた蔦が大量に、おどろに縺れて垂れ下がり、そこで営まれた日々の記憶を闇に封じているからだ。

漆喰の白はもう輝かない。

暗闇の奥から微かな腐臭、穢れの気配が滲み出てきた。

しかしながら、それでも、私が感じる気配は淡白だった。

朽ちたなりの不潔さこそあれ、化け物屋敷の本領発揮という恐ろしさは感じない。

納得はあっても、心は恐怖の漣ひとつ立たないままだ。

（本当に？）

私は自分の両手を見た。

掌が血の気を失って、僅かに戦慄いている。

やはり。

心というのは案外と容易く欺かれるものだ。

しかし、無意識に通じる体まで支配することは難しい。

私の魂は怯えている。

それを忘れないように、気を引き締めて、私は敷地に入った。

自分は物書きではあるが、結構、怪奇現象に遭遇する運命にあるために、この手のことには慣れている。

怖くないとは言わないが、過去の経験に照らし合わせて判断できる余裕はあった。

加えて、体験したことを飯の種にしているゆえに、たとえ渦中に置かれても、恐怖を観察する自分ができていた。

そんな己の経験則から出てきた結論はただひとつ。

――この廃屋は人を欺く。

私は再度、足を留めた。

後ろに、編集長が佇んだ。

この雑誌の取材において、いつも私は小説家というよりは炭坑のカナリア的存在だ。

ゆえに今回も、ここはどう？　中に入らないの？　何か見える？　と、東編集長が背後から間を置かずに問いかけてきた。

彼は彼で、私のことを取材対象にしているのだ。

いつもなら、その質問にもっともらしい蘊蓄（うんちく）を乗せて答えるのだが、今回は苛（いら）ついた声が出た。

「少し黙って。離れていて」

言ってから、せっぱ詰まっている自分に気づいた。

――いきようがない。

敷地に踏み込んだ瞬間から、囁きは間隔を狭（せば）めてきていた。

声も前より、はっきりしている。そして、意味はまた変化していた。

――逝きようがない。

どこまでが自分の想像なのか、判じる術はない。

しかし、囁きは執拗に繰り返されて、その都度、私は困惑した。

ここに亡者がいるとしよう。

彼らが呟く文言がただの愚痴であるのなら、聞き流していればいいだけだ。

けれども、それがなんらかの救いを求めるものならば、事態は厄介なものになる。

一行に僧侶がいるならば、供養という手段もあろう。

だが、生憎、我々は文芸と芸術に携わる一団だ。とすると、救いを求める亡者は晴れない妄執を抱えたままで縋りつく……取り憑くという手段に出るかもしれない。

こちらには、自ら化け物屋敷に関わったという負い目があるのだ。

たとえ最悪の結果になっても、愚か者の自業自得。同情すら寄せられないだろう。

「ああ、ダメです。雲は切れそうにないですね」

カメラチームが空を仰いで、撮影の継続を諦めた。

それをきっかけに踵を返し、私は来た道を戻っていった。

逃げるしかない。

声はついてくる。

行きようがない。生きようがない。逝きようがない。イキヨウガナイ。

「……なんかずっと、誰かと喋っていますよね」

後ろから、編集長と編集者Rの声が聞こえた。

気がつくと、確かに私はひとり、小声で喋り続けていた。

だから、何が言いたいの。できることはないんだから。訴えるだけなら聞くけれど、それ以外は何もできない。ごめんなさい。ついてこないで。私達が悪かったのはわかっている。許して。ほんと、ごめんなさい。

――いきようがない。

私の弁明を封じるごとく、また、はっきりと声が聞こえた。

途端、もうひとつの意味が、新たに言葉に付与された。

――行きようがない。

最早、峠の先には行けない。永遠に、里へは行きようがない……。

我々は車に乗り込んだ。

次の目的地は佐々木喜善所縁（ゆかり）のお社（やしろ）だ。

「そこに行くのに、市内を通ります？」

運転席に尋ねると、通らないとの答えが返った。

「では、帰り道、市内を通ります？」

取材は今日でおしまいだ。

私達は新花巻（しんはなまき）駅から東京に戻る。

「遠野市内は通りません」

これもそっけない答えが返った。
溜息が漏れた。
最早、町には行きようがない。
化け物屋敷を去ってのち、声はぴたりと収まっていた。
代わり、廃墟では感じなかった人の気配が濃くなっていた。
バンは六人乗り。我らは五人。ひとり分残った空間は、荷物や機材で埋まっている。
そこに如何にして、余分な人が同乗できるというのだろうか。
(どんな格好で、乗っているんだろ)
ふざけて考えても、事態は一向に好転しない。
何度、確認しても、
「憑いてきてるな……」
心の声がふと漏れた。
耳ざとく編集者Rが聞きつけて、えっ、と驚愕(きょうがく)の声を放った。
「Rさん、いい耳してますね」
詮方(せんかた)なく苦笑を漏らして、私は気持ちを切り替えた。
怪異における距離感こそ各人異なるが、共にいるのは怪談雑誌に関わる人達だ。

幽霊とのつきあいは断ち切れない。

その彼らに、今、化け物屋敷からの客人が同乗していることが伝わった。

彼らはまた、私がそれらに関わって、時には奇妙な行動に出ることをも知っている。ならば、この機を利用しよう。

車は峠を下っていく。

注意深く景色を見ていると、田の中に一本、見事な枝ぶりの老松(おいまつ)が立っているのが見えてきた。

風雪に耐えた松の姿は威厳があり、かつ清々(すがすが)しい。

「停めて」

私はひとりで車を降りた。

ペットボトルに入った水と、鞄に入れっぱなしだった塩を持ち、松を目指して小走りになる。畦(あぜ)を踏み越え、田植えもまだな田圃(たんぼ)をまっすぐ突っ切ると、松の木は緩やかな丘陵に、黒く太い根を広げていた。

ずり落ちた細い注連縄(しめなわ)が、根方に引っかかっていた。

そして小さな赤い机が、雨ざらしで手前に据えられている。

神の松だ。

「ここでいいよね……」

廃墟から来た気配に呟き、私は塩と水を供えた。

手を合わせる。

何も考えない。

供養などできないし、わからないから。

ただ、互いにとって、一番良い結果になることは少し祈った。

ゆえに、彼らが納得したのか、離れたかどうかはわからない。成仏したかどうかも不明だ。

いや、多分、成仏は無理だろう。

素人が手を合わせたくらいで、納得するような魂が化け物屋敷にいるはずはない。

いやいや、それ以前に、廃墟から本当に何かが憑いてきたのか。もっと遡って、あの家は真実、六部殺しの現場だったのか。

どれも真偽は不明だ。けれど、私の気持ちはさっぱりした。

だから、もういい。話は終いだ。

新花巻から家に戻ろう。

私は車道からもう一度、松に振り向いて頭を下げた。

雲が薄くなってきていた。

あれから十日ほどが経つが、禍の影は何もなく、私達は皆、健やかだ。
化け物屋敷の面影は、幾葉かの写真の中に留められているのみだ。
もう少し経てば、記憶も朧になってくる。
唯一、心に残るのは、
そうして、多分、忘れないのは、
――いきようがない。
無機質で、凍ったような、誰かの囁きだけだろう。

島の髑髏

「怖い話？　そうだなあ。俺がこの島に来た当初、夜中に外灯もない海沿いの道を、車でひとり、走ったんだ。そうしたら、道の真ん中に、白くて丸いものが落ちている。近づいていくと、走ったのは、しゃれこうべ！　訳がわからないいまま……ブレーキ掛けて、ライトに浮かび上がったのは、なんと、そいつが、ずずず……ずずずって動いていくんだ。もう、驚いたのなんのって。逃げることも忘れて、逆に暫くじっと見ちゃったね。そうしたら、やがて気づいたね。髑髏の下で何かがモゾモゾ動いてるんだよ。……そう、ヤシガニが入っていたのさ。ヤシガニが貝殻の代わりに髑髏を家にして、移動していたっていうわけさ」

最近のヤシガニは、ペットボトルや空き缶など、様々なものを被っているという話だが、髑髏も家にするらしい。

沖縄では、人骨自体は珍しくない。

本島でこそあまり見ないが、島嶼部に行けば、崖の横穴や洞窟に、案外、普通に転がっている。

沖縄で有名な亀甲墓は、本来、王族のものであり、庶民の骨は横穴古墳にも似た墓の中で、甕に納まっている。

それがなんらかの事情で放置されると、入り口が壊れ、甕が割れて髑髏が転がり、ヤシガニの住処になったりするわけだ。

某島に長期リゾートに行った知り合いは、散策の途中、洞窟の側に置かれている大きなポリバケツに目が行った。

蓋のついた水色で、いわゆるごみバケツというやつだ。それがいくつか、灌木の陰に隠すように置かれていた。

ごみ入れには見えなかったので、好奇心の赴くままに知人は蓋を開けてみた。

と、覗き込むまでもなく、バケツの中にはぎっしりと白い人骨が詰まっていた。

悲鳴を上げて逃げ戻り、宿の主人に尋ねたところ、主人は微苦笑を浮かべつつ、のんびりとした沖縄言葉で、その顚末を聞かせてくれた。

バブルが終わる頃の話というから、二十年近く前になる。

当時、バケツの中の人骨は、隣接する洞窟にあった。

誰かの墓というわけではない。

その人骨は、洞窟の中で息絶えた、島民達のものだった。

江戸時代、沖縄各地で疫病が流行したときに、亡くなった人及び感染者を現地の言葉で「ガマ」という洞窟の中に隔離した。そして、入り口を塞いでしまった。

正直、残酷な話だが、治療法もなかった時代、そうしなければ、島民すべてが死に絶える危険があったのだ。

洞窟は長い年月封鎖され、疫痢も死者も風化した近年、漸く開けられた。

だが、白骨化した死体は引き取り手もなく、そのままガマを墓として、洞窟に据え置かれていたという。

そこに、沖縄諸島周遊という、半端に豪華な修学旅行の学生達がやってきた。

一体、どういうきっかけでガマに入ったかは不明だが、彼らは洞窟の中に人骨を見つけた。

そこで、ひとりの男子生徒が髑髏をひとつ、島から持ち去ってしまったのだ。

歴史好きだったのか、ただの馬鹿なのか、本島に戻るフェリーの中、彼はその髑髏を杯にして、酒を呑んで騒いだという。

そうして、彼はそのまんま——フェリーから下りることなく、死んだ。

死因は不明。

急性アルコール中毒でもなければ、髑髏から猛毒が出たわけでもない。

となれば、祟りだ。

その結論に行き着くまでは簡単だった。

髑髏はほどなく、学校側の手により、島に戻された。

だが、少年の親だけは顚末に納得しなかった。

死因に、ではない。彼らは島の役場に文句をつけたのだ。

「子供達が手に取れるようなところに、骨を放置しているのが悪い」

子供が子供なら、親も親だ。

とはいえ、島の人達も考えるところはあったらしい。

――「そう。それで骨をみんな集めて、バケツの中に入れたさあ」

ポリバケツなんぞにお骨を入れたら、それこそ祟りそうな気がするが、話はこれきりで落ち着いた。

沖縄の特質「テーゲー」即ち「適当」は、骨にも、骨になっても適用されるようだ。

いや、故郷にいるということが、彼らを怨嗟から遠ざけるのか。

この島とほぼ同じ事情のガマが、久米島にも存在している。

以前、事情を知らず、中に入ってしまった私は大量の骨に肝を冷やした。が、そのとき、戦く私に向かって、地元の人は笑って言った。

「何もしないから、だいじょぶさ。ただね」

基地での任期を終えたアメリカ兵がここに来て、スーベニールとか言って、髑髏を持って帰ってしまったことがあったという。

しかし、半年も経たないうちに、そのアメリカ兵は島に来て、骨を元の場所に戻した。

「言葉がわからないから、ほんとの訳は知らないさ。けど、半年前とは別人みたいに窶れてて、目の下とか真っ黒になってたね。きっと、骨に怒られたんだね」

骨に怒られる、か。いい表現だ。

沖縄とて、死までが明るいわけではない。

しかし、彼らの感性は、死に対して閉じていない。

ゆえに、死者達も生者と同じ性質を持ち続けているように思われる。

バケツに髑髏を入れる島民達がテーゲーならば、ヤシガニの家になって、あちこちを彷徨う髑髏もテーゲーだ。

骨の話が怪談になるのは、沖縄を離れたときだけだ。

故郷の島から出なければ、明るい陽のもと、濃い陰の下、沖縄人は骨になっても、ウチナンチュらしく暮らすのだろう。

浅草純喫茶

私は純喫茶が好きだ。

世にコーヒーを出す店はいくらでもあるが、コーヒーショップでもカフェでもなく、純喫茶が心地好い。

そういうことを言うと、ときどき、

「純喫茶って、普通の喫茶店とどう違うの？」

こんなことを訊く人がいる。

「よくわからないんだけど、昔、『ジャズ喫茶』とか『歌声喫茶』とか流行ったでしょう」

「ああ、『名曲喫茶』とかもあったよね」

「そうそう。新宿『スカラ座』とか、御茶ノ水の『ウィーン』とか。『ウィーン』は店内で流れる曲のプログラムを配っていた」

「三階建ての建物だったっけ？　ロシア正教の教会みたいな外観で、隣に『サンロイヤル』という、お城みたいな名曲喫茶もあったはず」

「『サンロイヤル』のほうが『ウィーン』より、先に潰れちゃったのね。私、御茶ノ水の予備校に通っていた頃、しょっちゅう、『ウィーン』に寄っていた。当時はもう、木の床とか階段がギシギシいうほど古びてたけど……。知っている？　あそこの三階、天井が高くて、大きなシャンデリアが下がっていて、豪華なのだけど、古ぼけていたからちょっと怖くて、ドラキュラでも出てきそうな感じだったの。しかも、三階にはいつも、ほとんど人がいなくてね。店員も来やしないから、何時間いても平気だった。ときどき、誰かが上ってくる足音が聞こえるんだけど、大概、見ると誰もいない。多分、下の階の物音が反響したのだと思うけど」

「で？　純喫茶ってなんなのよ」

「ええと、だから、そういう音楽喫茶とかではなくて、純粋にコーヒーや軽食を出す場所を言うんじゃないのかな」

そんなふうに答えていたのだが、この原稿を書くに当たって調べたところ、純喫茶というのは、昭和初期、酒類とホステスを供給する「特殊喫茶店」、即ち今のスナックなどと区別するためにつけられた名称なのだとか。

勝手な解釈を喋ったものだ。

だが、名曲喫茶を持ち出したごとく、純喫茶を名乗る店のほとんどが、一部のチェーン店を除いて、昭和に開業した個人経営の喫茶店だというのは間違いない。

当時の流行だったのだろう、店の多くは木目を活かしたヨーロピアンアンティーク風の内装で、壁やランプシェードにステンドグラスを嵌め込んだ店も少なくない。照明も暗めで、席の間隔も若干広く、今どきのコーヒーショップより落ち着けることは確実だ。

だが、何よりも純喫茶を純喫茶たらしめているのは、そのソファとメニューだろう。

純喫茶のソファは、柔らかくて大きい。

背に凭れると、コーヒーに手が届かない。それどころか、天井を仰ぎ見るほど深く沈んで、同行した人との会話すらままならなくなる店もある。

居心地が好いのか悪いのか、微妙なところもあるのだが、客をリラックスさせようという心遣いは伝わってくる。

そして、それ以上に瞠目すべきは、純喫茶のメニューである。

店によっては、看板を「軽食　喫茶」としているとおり、喫茶店なんだか軽食屋なんだか、わからない店も少なくない。

喫茶店で食べるスパゲッティナポリタンが好きという人も多いだろう。そのナポリタンのある純喫茶には、大概、緑茶と昆布茶もある。

夏はかき氷を出すし、冬はお汁粉を置く店もある。

腹持ちの良い食べ物としては、スパゲッティのほかにも焼きそばや焼きめし、ホットドッグ、サンドイッチ各種。

パフェは必ず置いてあり、そこにホットケーキとプリンアラモードの文字が並んでいれば、高確率で、その店は老舗だ。

もっとも、最近、ピーチメルバの文字には、お目に掛かれなくなってきた。

メルバとは、一体なんなのか。語ると長くなるのでやめておくが、缶詰の桃を使った、あの品が絶滅しかけているのは残念だ。

これらのメニューや内装には、若干、地域差というものがある。

関西方面の純喫茶は、概ね東京よりも装飾的で、照明も少し明るい気がする。「あんバタートースト」などという品は、東京ではお目に掛かれない。

また、昔聞いた話では、新潟市にはパフェグラスの底までぎっちりと、あんこの詰まった「白あんパフェ」なるものがあり、その甘さとボリュームは、学生達の罰ゲームに用いられるほどだという。

聞いただけで胸焼けしそうなメニューだが、今も存在しているのだろうか。

こういった際物に近いものがあるのも、純喫茶ならではの楽しみだ。

先日は創業四十九年という小さな純喫茶で、フルーツポンチがあるのを見つけた。嬉しくなって注文したところ、細切れにされた缶詰のフルーツが某社のサイダーに浸っていて、思わず「これぞ」と膝を打ったものである。

これらの楽しみのほかに、私が純喫茶を好むのは、懐古趣味やら、学生や子供が少なくて、やかましくないという理由がある。

しかし、やはり、一番の理由は馴れに違いない。

地縁の関係で、幼い頃から銀座、浅草、上野という古い繁華街ばかりで、私は遊んだ。

そのせいで、古い町に多く残っている純喫茶とも馴染になったのだ。

もっとも銀座には、昔ながらの純喫茶は残っていない(と思う)。

銀座よりは新橋にあり、新橋よりは上野、浅草に古い店は残っている。

浅草に点在する喫茶店には、馴れ以上の思い入れがある。

浅草六区にほど近い、新仲見世通りの中に『ハトヤ』という店がある。

大正末期に創業されたこの店は、永井荷風(ながいかふう)やエノケンが通ったことで知られている。

往時と今では場所も異なり、規模も小さくなったと聞くが、それでも憧れ(あこが)を以て、私は数度、店に通った。

昔の文人、芸人の面影があるのが、浅草だ。

晩年、浅草六区のストリップ小屋に入り浸っていた永井荷風は、そのほかにも行きつけの店を数軒持っていた。

死の直前まで通っていた『アリゾナ』。戦後の日記に多く記される『ボンソワール』。『アリゾナ』は洋食屋。『ボンソワール』は一階こそ喫茶店だが、二階はフランス料理屋で、荷風は主に食事のために、二軒を訪れていたようだ。

浅草には飲食店が多い。だが、東京生まれの人間が通う店は決まっていたのか。

面白いことに、私もまた幼い頃から親に連れられて、『アリゾナ』と『ボンソワール』に通っていた。

荷風は私が生まれる前に鬼籍に入ってしまったが、もう一時代、私が早く生まれていれば、永井荷風と擦れ違う機会もあったに違いない。

思うたびに残念で、そう思う私は今現在も、それらの店に入るたび、ロイド眼鏡を掛けた、口の大きい老人を探してしまうのだ。

数年前のことになる。

右に記した店とは別の、古い純喫茶に入っていると、いきなり声が聞こえてきた。

「荷風センセはね」

見ると、背筋の伸びた老人が、壮年の男と座っていた。

少し頑固そうな顔つきだったが、語尾の上がったその口調は、東京弁特有の歯切れの良さを持っていた。

「荷風センセはね、偏屈だのケチだのさんざ言われていたけどね、ホントはそうじゃねえんだよ。本人とか周りの連中がイメージ作ったところも随分あるんだ」

聞いて、私はどきっとした。

老人が語っていたのは、作家永井荷風ではない。

彼は生身の「荷風センセ」についての思い出を語っていたのだ。

「戦後、食うもんがなくなったとき、荷風センセは本屋とかに米をせびったって話だけどね。センセはもらったその米をみんなに分けてあげていたんだ。それをただの強突く張りみたいに言っちゃあいけないよ」

荷風とどういう間柄の人なのか。

年下なのは確かだが、その口調には、敬愛する故人を弁護しようとする気持ちが滲み出ていた。

(ああ、ここは浅草だから)

浅草に生き、浅草で暮らした人達の記憶も残り、受け継がれて語られるのだ。

当たり前のことを改めて、私はそのとき実感した。

「荷風センセ」の話を聞いたその場所も、幼い頃から、親と一緒に通った店だ。

仮にYとしておこう。

思い入れのある店はほかにもあるが、私の純喫茶好きの原点のひとつは、このYにあるといっていい。

純喫茶Yの創業も、私の生まれる前になる。

なんでもありが、純喫茶の矜持だとはいうものの、ここのメニューはかなり凄い。

サンドイッチ、パフェはもちろん、あんみつから安倍川餅、鍋焼きうどんまで置いてある。

一時期はあんみつだけでも、栗あんみつ、クリームあんみつ、抹茶あんみつ、杏あんみつ、イチゴあんみつと揃っていて、喫茶店だか甘味屋だかわからないような有様だった。

残念なことに、最近少しメニューがおとなしくなってしまったが、それでも夏にはかき氷と共にカット西瓜があり、冬にはみかんを一個売りして、長っ尻していると店員が緑茶をサービスしてくれる。

荷風が来たかは知らないが、来ていたなら、何を食べたのか。

想像すると、なかなか楽しい。

とはいえ、今は建物も、経営者も常連客もみな古び、耳の遠くなった皆さんのため、点けっぱなしのテレビの音量が、やや大きすぎる店になってしまった。

結構、広い店の中、私のお気に入りの席は、入り口から最も遠い、事務室近くの大きなソファだ。

怒鳴るか席を立たないと、オーダーできないのが不便だが、そこで本を読んだり、客の姿を眺めているのが心地好い。

先日、冷たい雨の降る中、所用で、私は浅草に出た。

あまりの寒さに観音様にお参りするのも億劫で、用を終えた夕刻、そそくさと、私はYに足を運んだ。

お気に入りの席は空いていた。

そこに座ってホッとして、温かいカフェオレを注文する。

平日に加えて悪天候だったため、客はほとんどいなかった。

前に座っていた女性ふたりが腰を上げると、店内は私ひとりとなった。

私は煙草に火を点けて、読みさしの本を取り出した。

相変わらずテレビはうるさいが、人気がないため、空気はしんと静まっている。店員達も厨房の奥に引っ込んでしまったようだった。

自宅にいるようにくつろいで、私は読書を楽しんだ。

カフェオレが半分に減った頃だ。

事務室に通じる通路の奥から、人が出てくる気配がした。

本に目を落とした私の斜め後ろ、目の隅にその影が入った。

細身の、立ち姿の良い、若い女性だ。

彼女はたっぷりとした黒髪を見事な島田髷（しまだまげ）に結い、赤の勝った着物を着ていた。

——いや、着物と記すと誤解を生む。

女性が着ていたのは、白地に朱赤の折り鶴を散らした長襦袢（ながじゅばん）だった。

横顔が白い……。

反射的に、私は振り向いた。

それで人影がなかったならば、単純明快な怪談になる。

だが、振り向いた先には人がいた。

古参の女性店員だ。

オーナーの家族でもあるのだろうか。

私が小学生だった頃から、彼女はずっとこの店で働き続けている。

店と共に彼女も徐々に年を取ってしまったが、着物を着ていても、洋服でも、いつも赤い前掛けを着けているという人だった。

振り向いたとき、その人を睨む感じになったため、私は慌てて視線を戻した。

彼女は厨房に歩み去り、私の視界から消えた。

(見間違いか)

本を読むふりをして、私は考えた。

今日の彼女は作務衣風の紬の上下に、同じく紬の赤い前掛けを着けていた。

その服装と赤色を、長襦袢と勘違いしたのか。

接客業の女性が和服に合わせる前掛けは、着物より派手な柄であるのが相場だ。

実用というよりはファッションであり、娘の着るような派手な友禅や縮緬など、高価な生地である場合も多い。

実際、彼女が着けた前掛けも、柄行の大きなものだった。

しかし、模様は格子に近い。

私が見た折り鶴は、白の羽二重に明るい朱赤でぱらぱらと、間隔を開けて配されていた。

そして何より、目の端に立った島田髷の女と店員は、姿形があまりに違う。

作務衣の衿は着物に近いが、日本髪など結ってない。

見間違いというには無理がある。

とはいえ、折り鶴の襦袢の影は、はっきりと目に焼きついていた。

悩み、私は頭を上げた。

客も、店員の姿もない。

ガラス戸の向こうに、傘を差した人影が俯き加減で過ぎていく。

雨は当分、やみそうにない。

(そうだ。ここは浅草だから)

冷めてしまったカフェオレで口を湿らせて、私は思った。

ここは古い町だから、何か曰くがあるのかもしれない。

永井荷風が通っていたのは、六区のストリップ小屋だった。

だが、浅草寺の裏、山谷堀を上がっていけば、吉原に出る。

島田髷の女は、その辺りにいた芸者衆ではないのだろうか。

昨今の不景気の影響で、風俗街としての吉原は大分寂れてしまったが、芸者を名乗る人達は、今もちゃんと存在している。

そして、江戸から続いた色街には、芸者や遊女にまつわる幽霊譚も少なからず存在している。

そんな朧（おぼろ）な影のひとつが、ここに零（こぼ）れ出てきたということはないのだろうか。

たとえば、あの店員は昔、芸者をしていて、若くして亡くなった友人の着物を前掛けに仕立てて身に着けているとか。

あるいは、彼女と仲の良かった芸者さんが、死してのち、彼女を守っているとか。

または、彼女のお姉さんが、昔、吉原で芸者をしていて……。

見えた姿が妙に美しかったため、私は襦袢を着た女を怖いものとは思わなかった。

ゆえに、ぼんやりとした空想も、悪いほうには傾かない。

綺麗な幽霊の綺麗な記憶。

そんなものばかりが想像される。

考えるうちに、段々と、私は興味を引かれていった。

（そうだ。もう一度、あの人が来たら、思い切って声を掛けてみよう）

「その前掛け、素敵ですね」

そんなふうなことを言い、うまく話を聞けないだろうか……。

目論（もくろ）んだものの、結局、彼女は厨房から出てこなかった。

帰り際、レジから奥を覗（のぞ）いたが、幽（かす）かな話し声がするだけで、ほかの店員の姿も見えない。

　結局、顔も見られないまま、私は店を後にした。


　自宅に着いても、折り鶴の襦袢を着た女の姿は、私の脳裏から離れなかった。

　私は母に電話を掛けて、所用のついでにその話をした。

「純喫茶Yで、幽霊見たよ」

　店は今だに母と母の友人達の行きつけでもあり、母はまた、怪談も大好きだ。

　早速、詳細を促す母に、私は見たものを語った。

　母は興味津々で話に耳を傾けた。

　だが、折り鶴の長襦袢に及んだとき、母は話を遮った。

「それは芸者の着るもんじゃないわ」

「え？」

「朱赤の折り鶴だったんでしょ？　それは昔のお嫁さんが着る襦袢の模様よ」

　想像した正体を語る前に覆されて、私は一瞬、言葉に詰まった。

「島田は高島田じゃなかったの？」

続けて、母は訊いてきた。

言われてみれば、確かに普通の島田より、根が高かった気もする。が、簪も挿していなかったので、私にはよくわからなかった。

「でも、じゃあ、なんで長襦袢姿のお嫁さんが、あんなとこ、うろうろしているの」

「私にわかるわけないじゃない」

「そりゃあそうだね」

ひとまず笑って、私は話の先を急いだ。

「ともかく、そんな人が見えたから、びっくりして振り向いたら、あそこの店員さんが、赤い前掛けを着けて立っててさ」

「前掛け着けた人って、あのお婆ちゃん？」

母はまた、話に割って入った。

「うん。小作りで、小太りの人。いつも、前掛け着けている人、いるじゃない」

当然、店に馴染の母も、彼女のことは知っている。その前提で、私は話を進めた。

しかし、

「あら、イヤだ」

母は声を大きくし、そうして、溜息と共に告げた。

「もう、アンタって子はなんなんだろうね。その人、この間、亡くなったのよ」

「……え？」

「随分な年だったから」

「だって、はっきり見えたのに」

慌てる私を母親は、声を上げて笑い飛ばした。

「今更、アンタが何言ってるの」

唖然とする展開だった。

長襦袢の女性が花嫁だったということも、かなりびっくりしたのだが、続けて見えた女性まで、この世の人ではなかったとは。

母は私が幽霊をよく見ることは知っている。だから、笑ったのだろうが、さすがにこう捻りを利かされると、私も素直に驚いてしまう。

しかし、だとすると、私が見たのは、一体、なんだったのか。

長襦袢姿のお嫁さんと、亡くなった女性店員は関係があったのか、なかったのか。

なぜ、ふたりの幽霊が立て続けに見えたのか。

勝手な想像が許されるなら、

――ふたりは同一人物ではなかろうか。

私はそんなことを思った。

赤い前掛けのお婆さんは、お嫁に来てからずっと、お店を手伝っていたのではないか。

彼女にとって、あの純喫茶は嫁したのちの一生を暮らした、人生そのものの場所であり、「いるべき場所」ではなかったのか。

だから、店に関わった最初と最後に近い姿を現したのではなかろうか。

私はそう考えた。

しかし、なぜ、一介の客である、私の前に出てきたのだろう。

いや、既に親族知人には、姿を見せているのかもしれない。が、人に言わせると、こういった商売の人は死してのち、なぜか家族より先に、客に姿を見せるのだという。

真偽の程は不明だが、長年通い続けたとはいえ、私は常連客とは言い難い。

彼女の姿を見たのはたまさかタイミングが合ったから。ただそれだけのことだろう。

不特定多数の人間が、ある程度の時間を過ごす場所……映画館や劇場、あるいはタクシーの中などには、いろんな人の思いが残り、ひっそりと醸成されている。

舞台に上がる女優の幽霊。

映画館の階段を下りてくる、赤いハイヒール。

乗ったタクシーの助手席に、後頭部を見せて座っている男。

過去には、そんなものも見ている。

古い喫茶店や飲み屋では、常連客の幽霊が出るという話も珍しくない。

ならば、店員と客の双方が、幽霊ということもあるだろう。

助手席に幽霊のいるタクシーに、幽霊が乗ったらどうなるのか。

亡くなった店員が、亡くなった客と談笑する店もあるかもしれない。

想像すると楽しいが、結局、私の見たものの真相は摑めないままに終わった。

そうして、そのまま私は今も、純喫茶Yに通っている。

ときどき事務室に続く通路に視線を投げてみるけれど、赤い前掛けを着けた店員も、花嫁も二度と現れない。

古い店には、歴史がある。

歴史というのは、時計の針どおりに流れていく一方通行のものではない。

時は場所に堆積し、様々な角度の顔を持ち、のちの人の前に姿を現す。

吝嗇で変人の「永井荷風」と、情に篤い「荷風センセ」の話のごとく、不規則な多面体となり、人の心や評価を惑わす。

家中で一番広い客座敷の縁先には、亡くなった人達の小袖や、年寄つた母上の若い時分の長襦袢などが、幾枚となくつり下げられ、其のかげになつて薄暗く妙に涼しい座敷の畳の上には歩く隙間もないほどに、古い蔵書や書画帖などが並べられる。

永井荷風『虫干』

古いものも、新しいものも目に映る。

場所の記憶、歴史もまた、このようなものではなかろうか。

だから、長襦袢を着た花嫁と赤い前掛けの店員さんは、生きていても、死んでいても、あの場所にいることを許されるのだ。

同一人物でも、別人でもいい。

もっと言うなら、嘘でも真でも、勘違いでも。

パフェと焼きそばと荷風の隙間に、麗しき幽霊のあることが、浅草にある純喫茶Yの歴史、私の記憶だ。

茶飲み話

なんの話の繋（つな）がりで、その話題が出たかは憶えていない。

頼まれた用事を済ませて実家に寄ると、野口さんが座っていた。

話に出てくる人名はすべて仮名だ。彼女のことは野口さんと呼んでおこう。

その野口さんは我が家が引っ越す前——三十年以上も昔に住んでいた町の、ご近所さんだ。

母よりかなり年下で、私よりも年上の彼女は、妙にうちの家族と気が合った。

だから、引っ越したのちも交流は切れず、今では気安い親戚のようなつきあいになっている。

越したとはいえ、ふたつの町は駅三つしか離れていない。その便利さもあるのだろう、野口さんは月に一度の割合で、ドライブがてら遊びにきていた。

子供は手を離れている。夫とは先年、離婚した。自由になった彼女は、ここ数年、確実に若返って生き生きしていた。

居間のテーブルには、箱に入った温泉饅頭（まんじゅう）が載っている。

「草津行ってきたんですか」

鞄を置きつつ、私は訊いた。

「あの町の雰囲気、好きなのよ」

「いいなあ。私も温泉行きたい」

私はお茶を新しく淹れ、饅頭のご相伴に与った。そして温泉の話題から始めて、四方山話に花を咲かせた。

定番の飼い猫の話、野口さんの好きなドラマの話、下町で急速に進んでいる再開発の味気ない話……。

そう、たしか、その話の流れだ。

「そういえばね、七海ちゃん」

小学生のときから知っているので、いまだ、私は「ちゃん」付けだ。

彼女は小さく居住まいを正して、先を続けた。

「塚本さんのところの木、この間、伐られちゃったのよ」

「木って、あの椎の木が？」

私と母は声を揃えた。

小さな家ばかりの下町にあって、塚本の家は目立っていた。

終戦直後に建てられたというその家は、純和風の二階屋で、母屋とほぼ同等の広さを持った庭がある。

元々、その辺りの土地持ちで素封家だったという話だが、我が家とは距離があったため、家人とはまったく面識がない。

私がその家を知っていたのは、図書館に行く道筋の角に建っていたからだ。そして、その家の椎の木が、とても目立っていたからだった。

果たして、庭木に椎の木が相応しいかどうかは知らない。が、塚本家の椎は、二階の屋根に届くほどの大きさを誇っていた。

秋になると、ドングリが落ちる。

ほとんどは庭に落ちるのだけど、時々、道にも転がってくる。

そんなものすら珍しい都会の子供は実を拾い、穴から出てきた虫を見て、悲鳴を上げたりしていたものだ。

のちに聞いた話では、あの椎の木は空襲を奇跡的に免れたのだとか。

塚本さんは、木のために庭を広くしたとも聞いていた。

その椎の木が、伐られてしまった……。

「前々から、奥さんは伐りたがっていたらしいのよね。二階まで届く高さだったから、陽射しがほとんど入らないって。それで今回、家を建て直すことが決まってね。ホラ、あそこの息子、結婚したでしょ？」

「え。いや、その人、知らないですけど」

「結婚したのよ。塚本のお祖母ちゃんももう年だしね。同居も介護も、この先、色々あるでしょう。だから、近々、二世帯住宅のバリアフリーに建て替えようって話になったの。それで、取り敢えず、お嫁さんが来て……きっと、お嫁さんも、家が暗いとか落ち葉がどうとか文句を言ったんじゃない？　建て替え準備のために、まず、椎の木を伐っちゃったのよ」

いつも舌を巻くのだが、野口さんに限らず、中年女性の情報量というのは凄まじい。つきあいのない家の事情まで、事細かに知っているのは一体、どういう技なのか。

以前も、某家で起きた不倫騒ぎを、野口さんは押さえていた。

一面識もない家の子供の就職先を、部署まで知っていたこともある。

ニュースソースを尋ねると、町内会会長から聞いたとか、たまたま○○さんが知っていて、などという答えが返ってくるのだが、私が同じ人と話をしても、余所（よそ）様のプライベートなど、そうそう話題には上らない。

やはり聞き出す奥義というのが、彼女達にはあるのだろう。

もっとも、憶測も多いので、その点は注意しなければならない。

ニートという言葉が出始めたとき、私は近所で真っ先に、その嫌疑を掛けられた。

確かに独身・独り暮らしで、昼日中にふらふらと実家に出入りしている女など、つきあいのないご近所からはロクデナシに見えるに違いない。

あのときは、必死に否定した。だが、どこまで疑いが晴れたやら……。想像するとゾッとする。

だから、塚本家の内部事情は割り引いて聞いておくにしろ、椎の木が伐られた――それだけは、事実として心に響いた。

「そうかあ」

私は眉尻を下げた。

記憶にある景色が変わっていくのは、独特の喪失感がある。

私自身が環境の変化を好まないせいもあるのだろうが、こういうことを見聞すると、過去まで奪われてしまったような、心許（こころもと）ない気持ちになる。

だが、そのときは、ノスタルジックな感傷に浸ることは叶わなかった。

(何もなければ、いいけれど)

反射的に、私は考えていた。

霊感というものではない。いわば、これは私の癖だ。

ホラーや怪談、オカルトを文字にするのが、私の仕事だ。

長年、そういうものとつきあっていると、物を不用意に動かしたり、無くしたり、あるいは購入することが、禍の引き金となるという話は、ごまんと入ってくる。

特に古木の怪異は多い。

松谷みよ子氏の『現代民話考』にも大量の事例があるとおり、樹木がらみの怪異は身近で、出合いやすいものなのだ。

――「大きな木というのは大概、人間より長く生きてます。樹齢二百年三百年は、木ではよくある話だけど、人間では絶対、あり得ない。だから、魂のあるなし以前に、そういうものに敬意を払って、大切にするのは当然でしょう。人もそれに気づいているから、木を伐るときに祈禱をしたり、神主さんに御魂抜きをしてもらったりするんです」

以前、誰かがそう言っていた。

私もほぼ、同意見だ。

戦火にも耐えて残った木を、簡単に伐っていいものか。

塚本家の庭は、人間社会では塚本家の所有となる。が、そこにあるものすべての命を勝手に殺す権限が、果たして人にあるのだろうか……。

私は少し憂鬱になった。

だが、野口さんが帰ると同時に、私がその話を簡単に忘れてしまったことも事実だ。

所詮、他人のことだし、思い出深い樹木とはいえ、二十年以上、いや、引っ越してから一度も、私は椎の木の聳える通りを歩いていない。

町並みも変わっただろうから、今、そこに行けと言われても、迷わずに着ける自信もない。

野口さんには現在の住まい近くのニュースでも、私にとっては過去の欠片だ。

ゆえに、私はすぐに忘れた。

それがそのままにならなかったのは、半年ほどのちから立て続けに、塚本家の話題が出たからだ。

――「あそこのお祖母ちゃん、亡くなったのよ」

あるとき、野口さんはしんみり言った。

反射的に、私が椎の木を思い出したことは否めない。だが、

「たしかもう、結構な年だったでしょ」

続いた母の言葉を聞いて、私は大きく頷いた。

「年を取ると、環境の変化に弱くなるからね。孫が結婚したことで、安心した面もあるんだろうけど、住んでいた家が変わるのが、大きなストレスだったんじゃない？」

母の推理は順当だ。私はもう一度、頷いた。

「でも、お葬式が出たんじゃあ、家の建て直しは延びますね」

「それでも、バリアフリーのほうが、将来的にはいいでしょう」

他人の家の設計に、野口さんが意見を出した。

「バリアフリーって、掃除が楽そう」

「今どきの新築マンションは、ほとんどバリアフリーでしょ」

話は簡単に横滑りする。

老人の死は、寿命の範疇だ。

だから、そのときは建築の話題ばかりで終わってしまった。

次に塚本の家が話題に出たのは、そろそろクーラーが欲しい時季だったと記憶している。

——「塚本さんちの息子さん。この間、事故を起こしたのよ」

散々、腰痛を嘆いたのちに、野口さんは口調を改めた。

「事故って？」

私は眉を顰めた。

「車の。ひとりで運転していて、カーブを曲がり損ねたんですって。命に別状はないんだけど、結構な怪我らしいのよ」

「まだ、新婚と言っていいのにね」

母が小さく息を漏らす。

「しかも、お祖母ちゃんが亡くなって、四十九日が済むか済まないかの間でしょ」

「大変ねえ」

会話を聞いて、私は少し身を退いた。

再び、椎の木が頭を過った。

けれども、私は基本的に、不運・不幸をオカルトに結びつけるのは好きではない。

一歩間違えると、霊感商法もどきの脅迫になってしまうし、また、それ以前に、禍に因果を見ることは、不幸に遭ってしまった人を暗に責めることにもなる。

「今の事態は、すべてお前が招いたのだ」――それはあまりに、残酷だ。

しかし。

まさにお盆に入った頃から、話の様子が変わってきたのだ。

「七海ちゃん」

冷えた麦茶を飲みながら、野口さんは私を呼んだ。

私は台所から西瓜（すいか）を運んで、テーブルに置いた。

「あのねえ、聞いてよ」

意味深な口調で、彼女は身を乗り出した。

「塚本さんの家なんだけど、なんだか、幽霊が出るんですって」

「は？」

「亡くなったお祖母ちゃんの幽霊が、ご主人の枕元に立つんですって」

「……誰から、そんなこと聞いたんですか」

小皿を並べつつ、私は苦笑した。

野口さんは西瓜を取って、むしろ得意げな顔をした。

「近所のスナックのママが、塚本さんの旦那と仲良しなのよ。私、そのママと友達だから、色々教えてくれるのね」

スナックのママとやらも、口が軽い。

（こんなところで自宅の怪異が話題になっているなんて、当人が知ったら、どう思う

かな)

私も西瓜を手に取った。

野口さんは話し続ける。

「どうやら、息子さんが怪我する前から、ときどき出ていたらしいのよ。けど、姿が見えるだけだから、旦那さんは誰にも言わなかったのね。だけど、今度の事故でしょう? ストレスで、お嫁さんまでが体を壊してしまったらしくて……。七海ちゃんはそういうことに詳しいんでしょ。お祖母ちゃんの幽霊をお祓(はら)いする方法ってないかしら」

「いや、別に詳しくないですが」

慌てて、私は手を振った。

「お祓いの方法なんて知りません。ていうか、まさか、野口さん、請け負ってきたんじゃないでしょうね」

真っ向から視線を合わせると、彼女は曖昧(あいまい)な顔で笑った。

(まったく、恐ろしい人達だよな)

詳しい人がいるから訊いてみるとか、その程度のことは言ったに違いない。

自意識過剰の想像ではない。

その手の話題、その手の相談は、実際、なんとも気軽な感じで、自分のところにもたらされるのだ。

私はわざと陽気に笑んだ。

「方法はわからないけれど、どのみち、お祖母ちゃんを怨霊扱いしちゃいかんでしょ」

「だけど、顔が怖いらしいのよ」

「ええ？」

「怒った顔で、ご主人を睨みつけているんですって」

「そりゃあ、ヤですね。でも、お祓いはダメでしょう。もう、ご先祖の一員なんだから」

首を振ると、野口さんはつまらなそうな顔をした。

私の知る限り、女性というのは、男性よりも心霊現象を許容しやすい。加えて、怪談話が好きだ。

野口さんは信心深いわけでもなければ、オカルトが好きというわけでもない。それでも、素のまま「成仏」という言葉を使い、霊魂の存在に疑念を持たない。

彼女達にとって、芸能人の噂話と幽霊話の間には、なんの隔ても飛躍もないのだ。

私は呆れ、感心した。が、野口さんがあまりにも白けた様子を見せたので、ひと言だけつけ足した。

「お祖母ちゃん。なんか、言いたいことがあるのかも……」

相変わらず、頭の中には木を伐った件が浮かんでいたが、敢えて口にはしなかった。

ここで下手打てば、あっという間に木の祟(たた)りという話になって、巡り巡って、塚本家にも伝わってしまう虞(おそれ)がある。

その責任を負うのは無理だ。

盛り上がらない話題に飽きたのか、彼女は西瓜を食べ始めた。

よしよし。

私は密かに頷く。

(だけど、お祖母ちゃんと息子と嫁か。立て続けの不幸だな。幽霊が出るのが本当なら、何が言いたくて出てきてるんだろ)

その考えも野次馬根性だ。

わかっていても、私は暫(しばら)く、見ず知らずの家族の上に、埒(らち)もない憶測を巡らせた。

次にその話題が出たのは、母親の口からだった。

どうやら、野口さんは塚本家の事情に積極的な興味を抱いたらしい。

あののち、スナックに通い、そこのママから得た情報を、彼女は電話で報(しら)せてきたのだ。

「塚本さんの奥さん、癌(がん)になったんですってよ」

夕食後、テレビを見ながら、母は言った。

「息子は退院したんだけどね。世話をしに病院行っているうちに、どうも体調が悪いって、検査をしてもらったら……」

「大丈夫なの？」

話の途中で、私は口を挿(はさ)んだ。

「ううん。結構、進行しているらしいのよ」

「本当に？　可哀想だねえ」

「それでね。とうとう、旦那さんも気持ち悪くなったらしくて、お坊さんに相談したんですって。そうしたら、椎の木を伐ったのが悪かった。そんな歴史のある木を、供養もせずに伐ったのが原因だって言われてね」

「ああ」

やはり、そう来たか。

心霊的なストーリーでは、この立て続けの禍は、木の祟りというのが一番妥当だ。

「お坊さんが言うには、お祖母ちゃんの幽霊も、お祖母ちゃんそのものではなくて、椎の木の恨みがお祖母ちゃんの姿を取って出てきたんだって。それで、今度、お坊さんにお祓いしてもらうことになったらしいわ」

「大丈夫かなあ、その坊さん。変な宗教の人じゃない？」

「違うわよ。ええと、有名な……そう、××寺の人だって」

名を聞いて、私は単純に驚いた。

母の口から出てきたのは、観光地としても有名な関東の古刹だったからだ。

「そりゃ、すごい。徳川家の祈禱寺じゃない。そこと塚本さん、縁があるんだ」

「ああら。アンタ、知らないの？　塚本さんって、由緒正しい家柄なのよ」

「知るわけないでしょ。どんな家系よ」

「元は旗本だったかな。戦国時代からの家系図があるとか、葵の御紋の何かが家に残っているとか、近所は、みんな知っていたわよ」

あそこに住んでいた当時、私はまだ子供だったのだ。大人同士の噂など、耳に入ってくるはずがない。

私は親にそう言って、なるほどね、と、相槌を打った。

旗本が、瓦解(がかい)ののちに下町住まいか。ありえない話ではないだろう。いや、塚本家は資産家らしいから、大政奉還後、要領良く生き延びた口というべきか。

いずれにせよ、徳川所縁(ゆかり)の寺院と縁があるのなら、それなりの家柄に違いない。そして、まともな寺の僧侶がまともに祈禱をするならば、胡散(うさん)臭い話にはならないはずだ。

塚本さんには気の毒だけど、私は少しホッとした。引っかかっていた伐採の件が、他者の口から出たこと。加えて、きちんとした寺の僧侶が、その件に関わったということが、オカルト寄りの私の不安を取り除いてくれたのだ。

病気や怪我の問題は、医者の腕と運命次第だ。ともかく、これで不幸の連鎖が止まってくれれば、皆がそれぞれ、いろんな意味で、安心・納得できるに違いない。

「しかし、お祖母ちゃんの幽霊が、木の恨みの形とは……。ああいうお寺のお坊さんでも、霊能者みたいなことを言うんだね」

私は呑気(のんき)な口調で言った。

「そうね。面白いわよね」

母はテレビに視線を移した。

私は煙草に火を点ける。

こうなってくると、祟りより、普通の寺に紛れている霊感持ちのほうが気になってくる。

頭が、仕事に切り替わった。

(うまく口を利いてもらって、取材とかできないものかしら)

この一件に片が付いたら、それとなく野口さんに頼んでみるか。

根回しの段取りを模索しながら、私もまた、テレビに注意を向けた。

野口さんはなかなか来なかった。

私もその件は忘れていた。

次に彼女の顔を見たのは、残暑の続く頃だった。

彼女はこの猛暑にも拘らず、太ってしまったと嘆き、近所にオープンした焼き肉屋が凄く美味しいのだと語った。

「あんた、それで三日に上げず通ってたら、太るの当たり前でしょう」

母が呆れた顔で笑った。

「だって、夏バテしちゃうと思って」

野口さんも笑顔で答える。

そんな話が落ち着くのを待ち、私は彼女に話題を振った。

「塚本さんのところは、丸く収まったんですか」

尋ねると、ふくよかになった顔から微笑が消えた。彼女は少し肩を落とした。

「それがねえ……。死んじゃったのよ」

「奥さん、助からなかったんだ」

「違う」

野口さんはかぶりを振った。

「旦那さんが亡くなっちゃったの」

私と母は同時に絶句し、思わず顔を見合わせた。

「どうして。いつ。どこが悪かったの」

勢い込んで、母が尋ねる。

「亡くなったのは、九月に入ってすぐだったって。朝、起きてこないから、息子さんが見にいったら、布団の中で冷たくなってたって」

「死因は」

これは私が訊いた。

「心不全」

野口さんはぽつりと呟く。

心不全。即ち、原因不明の突然死というやつだ。

俄に鳥肌が立つのを覚え、私は声を高くした。

「だって、お祓いしたんでしょ」

「したわよ。だけど、なんかねえ。元々、あの家、どうも良くないらしいのよ」

「良くないって？」

「亡くなったのち、例のママから聞いたんだけどさ。奥さんが病気になったとき、旦那さん、酔っ払って、泣きながら話したらしいのよ。うちの一族は、幸せになる人が少ないって。生まれつき体が不自由だったり、病弱だったり、若死にしたり、自殺したり……。自分の家だけは、今まで何事もなかったのにって、泣いたんだって」

古い家系には、古い因縁がつきまとう。

その系列の話もまた、よく聞く怪談話のひとつだ。

しかし、それは椎の木の一件とは、まったく別だろう。

どちらも怪談的ではあるが、一緒にできるものとは違う。

「取り敢えず、息子夫婦も、気味が悪くなったらしくて、近々、家を出るみたいなの」

「じゃあ、あの家はどうなるの」

「処分するしかないでしょう」

「結構、広い土地だから、マンションでも建つんじゃないの……」

野口さんと母は話を続ける。

私は別のことを考えていた。

祈禱を請け負った僧侶は、この結果を如何に受け止めているのだろうか。

彼は原因を木の祟りとした。

だが、家の因縁を知ったなら、同じ答えを出しただろうか。

(いや、菩提寺なら、夭逝者や変死者が多いことはわかっていたはずだ)

知った上で失念、あるいはフォローを怠ったとすれば、宗教者としては失格だ。

逆にすべてがわかっていて、原因を祟りと判じたならば、それは仕方のないことだ。

好意的に想像するなら、僧侶は家系の因縁を椎の木の祟りに転化して、塚本家の主の不安を拭おうとしたのかもしれない。

祓いや供養の大方は、そうやって、生者を安心に導くことに目的がある。

(けど、本当にそうだったのか)

逆に意地悪な見方をするなら、原因を心霊に求めた挙げ句、ミスリードに惑わされ、的外れな解釈と祈禱をしたとも考えられる。

無論、真実はわからない。

(いずれにしても、椎の木は関係なかったか)

私はしばし考えて、

「……木の祟りじゃなかったのかも」

溜息混じりに呟いた。

母と野口さんが私を見つめる。

私は続けた。

「椎の木は、家族を守ってたのかもね」

——もちろん、すべては想像だ。

しかし、私は夢想を続けた。

祖母の霊は怖い顔をして、何が言いたかったのか。

それが木霊（こだま）の化身なら、必死になって、家族に迫る危険を告げてなかったか……。

塚本家の主が亡くなって、スナック経由の続報は、野口さんの耳に入らなくなった。

私も結局、××寺の僧侶への興味を失った。

引っ越し以来、一度も足を向けなかった町には、今も行ってない。

家がどうなったのかも知らない。

相変わらず、野口さんは我が家にお茶を飲みにくる。

最近、フラダンスを始めたそうだ。

「ときどき、先生の息子が来るんだけどさ。これがすっごいハンサムなのよ。七海ちゃんも見にこない？　一緒にダンス習いましょうよ」

「ええと。私、フラダンスは……。お母さん、やれば」

「馬鹿言わないでよ」

茶飲み話も相変わらずだ。

聖者たち（一）

キリスト教の宗教画には、多くの聖人が描かれている。

その姿は概ね質素だが、中には質素を通り越し、赤貧に耐えているような肋骨の浮き出た老人が描かれているときもある。

仏教も同じで、五百羅漢像などでは痩せ細った人物が描かれる。

袈裟は元々、汚物を拭うための布や襤褸を接ぎ合わせたもので、糞掃衣と呼ばれていた。

道教由来の仙人やインドのヨガ行者達もまた、俗世間から遠く離れて、衣食住の満足を自ら捨てた修行をする。

洋の東西を問わず、本来は無一物であることが宗教者の条件であり、聖なる存在の証だったのだ。

エル・グレコは、後期ルネサンス・マニエリスム期の代表的な画家のひとりで、多くの宗教画をものにしている。

彼は聖人を描くとき、精神異常者をモデルにしたと伝わっており、そのことを念頭に絵を観ると、なるほど、描かれた聖人達の眼差しは皆、不思議な光を宿している。

確かに神秘体験や法悦という精神的エクスタシーは、心身の疾患や障害に起因するとされている。ならば、神を在るものとして認識し、その奇蹟を知る者が、精神異常者に似せて描かれるのは不自然ではないことになろう。

いや、通常ではない精神を持つからこそ、神に近く、魔にも近いのだ。

世間一般の生活から遠退いた者なら、尚更だ。

冬に入った頃だったと記憶している。

その男を最初に見たのは、休日で賑わうショッピング・センターの前だった。

買い物を済ませて店から出ると、人の流れが一カ所不自然に歪んでいる。

その真ん中に浮浪者がいた。

通行人らはその男を避けるため、流れを撓めているのだった。

四方に開いた空間の中、佇む男はまだ若い。青年と呼べる年齢だ。埃まみれで垢じみた黒っぽいコートの肩口に、皮脂で固まった長髪が縄のように掛かっている。

昨今の浮浪者には身綺麗な人も多いけど、彼はそれとは対極だった。

何年、彷徨い続けているのか。肩掛けにしたショルダーバッグは、死体のようにぐったりしていた。

私は買い物袋を提げて、男のほうに近づいた。

彼は出口から幹線道路に至る手前に止まっていたので、買い物客のほとんどは脇を通らねばならなかったのだ。

(夏場だったら、臭うだろうな)

それにしても、こんな賑やかな場所の真ん中で、何をしているんだろう。

こういう人が店先に、しかもお洒落なブティックの並んでいる場所に立ち止まっているのは見たことがない。いや、用もないのに往来の真ん中、ひとりで立っていること自体、不審と言えば不審だろう。

男の前を横切って、私は彼の顔を見た。そして、驚いて一瞬止まった。

彼は、微笑んでいた。

目を開き、口角を少し上げた顔を見た瞬間、私は男が普通とは違うことに気がついた。

青々と、赤ん坊のように目が澄んでいる。

何にも動じぬ明朗な表情を持ち、姿全体には包み込むような優しさがあった。

私の肌が粟立った。

恐怖ではない。畏怖に近い感動だ。

――聖者だ。

エル・グレコの絵を思い出したわけではないのだが、反射的に私は思った。

世間から精神異常者と呼ばれる人達の中に、異様な聖性を持つ人がいることは既に知っていた。

別に人を癒すわけでもないし、託宣や預言をするわけでもない。なのに、常人を超えた何ものかを感じてしまう人がいる。

私が俗世にいるゆえに、無垢に感動を覚えるのか。

それとも、彼らは本当に名も無き聖者達なのか。

無論、本物の聖人に会ったことなどない。だから、私の得た感覚は一種の想像ともいえる。

しかし、私がこの男の佇まいに打たれたのは真実だった。

茫然としたまま、人波に流され、私は一度、そこを離れた。が、距離が開くほど、歩調が鈍った。

もう一度、彼を見てみたい。

近づきたい。

可能なら、話しかけてみたい。

彼はなんと答えるだろう……。

それこそ妄想を逞しくして、堪えきれず、私は振り向いた。

話しかけるのはともかく、もう一度、男の姿を拝んでみたい。本当に、彼は自分の思う「聖者的」な存在なのか。

私は小走りに駆け戻った。が、男の姿は消えていた。

この人混みの中、あの短時間で、消え失せられるものなのか。

人の流れはもう、何事もなかったように動いている。

私は一瞬、ぽかんとし、それから溜息を吐いた。


人ではなかった——などとは言わない。

男は肉体を持っていた。

加えて、常人と違うとはいえ、長く浮浪者をやっているなら、彼なりに衣食住を確保する術は持っているということだ。

人の手を借りずに生きられるスキル・能力はある。

私が感じたエル・グレコ的な聖性は勘違いだったのかもしれない。

しかし、これで話が終わるなら、わざわざ記したりはしない。

数日後、彼はまた私の前に現れた。

今度はショッピング・センターから少し離れた場所だった。

雑居ビルの階段に、男は腰掛けていた。

最初見たときは夕暮れだったが、そのときは既に夜だった。とはいえ、街はまだ賑やかで、私はやはり買い物袋を抱えて家路を急いでいた。

人影が見えたとき、私はすぐに彼だとわかった。

ドキッとして歩調を緩め、ゆっくりその前を行き過ぎる。

彼は膝に手を置いて、先日と同じく微笑みながら道行く人を眺めていた。

やはり、表情が尋常ではない。だが、今回は〝普通〟の人として、目に映った。

精神状態は不明だが、どこにでもいる人間だ。

私はがっかりしながらも、そんなもんだ、と納得した。

おかしな喩(たと)えかもしれないが、神社などでも、似たような経験は何度もある。

初めての参拝で感動した場所に再度行き、不愉快な目に遭うときがある。また、ただの観光地に思えた場所が、あるとき突然、素晴らしい聖地に感じることもある。何度行っても心休まる場所は確かにあるのだが、季節、時間、天候、同行者の有無、こちらの精神状態などで印象は変化するものだ。

相性というのもあるだろう。

だから、人も場所も一度っきりで、わかったつもりになるのは危険だ。好き嫌いならまだ許されるが、善し悪しは迂闊に口にできない。

その男に対する印象の変化も同じことだろう。

彼を聖人と見るのも俗人とするのも、要はこちらの気持ち次第だ。

私はそう考えた。

男はショッピング・センターの付近をテリトリーとしたらしい。

初冬までは見掛けたこともなかったが、それ以降、ちょくちょく近辺で、私は彼の姿を見つけた。

男がうろつく通りは、駅と自宅と商店街を結ぶ道の一本だ。そのため、私は週に一度はその道を歩き、二度に一度の割合で、男の姿を目にしていた。

いるな、とだけ思うときもあれば、あれ？　と目を引くときもある。そして、ときどきはやはり、彼は聖者の雰囲気を纏っていた。

声を掛けてみたいという気持ちはもうなかったが、そういうときは頭の中で、男の過去や現在を色々想像してしまう。

だが、年を越した頃にはもう、その姿にも慣れてきた。

そうして彼の存在が風景の一部になりかけたときだ。

小さな変化が訪れた。


やはり、見たのは夜だった。

ビルの入り口脇にある階段——多分、エレベーターホールに通じる階段に、いつもどおり男は腰を下ろしていた。

テナントには迷惑だろうと思うのだけど、居住者のいない雑居ビルだ。上階の明かりが消えてしまえば、出入りする人はいなくなる。

男はそれをわかっているのか、夜間はいつもそこに座っていた。塒（ねぐら）というわけではないようだった。寝ているところは見たことがない。彼はただ腰を下ろして、通行人に虚（うつ）ろな、時には優しげな眼差しを投げかけていた。

その晩も同じだった。だが、私は男の姿に違和感を覚えた。

振り向くことなく通り過ぎ、なんだろう、と考えて、座った位置と表情がいつもと違うことに気がついた。

普段は階段の真ん中で、ゆったり膝を曲げているのに、今日、男は壁に肩を預けていた。

加えて、いつもは通りを眺めている視線が下を向いていた。

(具合でも悪いのかな)

病気をしても怪我をしても、満足な治療は受けられまい。

気になったものの、何ができるわけでもない。本当にマズィ様子になったら、交番に伝えるのがせいぜいだ。

私はそう思ったが、その姿は心に引っかかった。

心配性で慈悲深いから、などという美しい理由ではない。

ただ、気になるのだ。違和感がある。

座る位置や視線の問題ではない。

彼の様子は今までと、どこか徹底的に異なっていた。

それが一体、なんなのか……わからないまま、私は時を過ごした。

しばし仕事に追いまくられて、次にその道を通ったのは、半月ほどのち。夕飯がてら所用を済ませた帰り道だった。

空気はすっかり春の風情で、コートを着ている人も少なくなっている。

花見はまだ先であったが、気の早い洋菓子店が売り出した「桜のロールケーキ」なるものを、私は手に提げていた。

男はいつもの階段にいた。

遠目でそれを確認し、私は少しホッとした。

しかし、全身が見えた途端、思わず、息を呑み込んだ。

前回同様、彼は壁に凭れていた。

横に視線を向けていた。

そして、にこにこ笑っていた。

見れば、ときどき頷いてもいる。

自分の横の空間に……。

私は慌てて目を逸らした。

男の隣は、人ひとりが座れるほど、空いている。そこに薄く、もやもやとした黒い影がたぐまっていた。

先日感じた違和感の理由を、私は漸く理解した。

ひとりに見えなかったのだ。

（ヤバイ）

足早に、私はその場を離れた。

あの影を、男はなんと見るのか。

楽しげに笑んでいたのだから、友達や家族、恋人のようにも、彼には見えているのだろうか。

孤独が、いもしない存在を、この世に作り出したのか。

それとも、どこかで知り合って、馴れ馴れしく、そいつはついてきたのか。

何にせよ、黒い影はどう考えても、善いモノには思えなかった。

――神は無邪気な魂を好む。

過去、神の依(よ)り憑(つ)く憑坐(よりまし)に子供が起用されたのも、その器がたわいないまで清浄で、繊細なものであるからだ。

エル・グレコが聖者を描く手がかりに精神異常者をモデルとしたのも、常を逸した眼差しに無垢と聖性を見たからだ。

実際、優れた霊媒は精神的に幼い場合が多い。

だが、周知のとおり、一般的な霊媒は神を降ろすだけではない。むしろ青森県にいるイタコのように、人の霊を身に降ろす場合がほとんどだ。

神の器となるものと、故人の器となるものの差がどこにあるのか、私はうまく説明できない。

ただ、過去にそういう人達を何人も見てきた経験上、本人を前にすると、なんとなく差がわかるというだけだ。

そして、その「なんとなく」に則って、男に最初会ったとき、私は彼を神の側にいる者として判断したのだ。

しかし、今、目にした光景は、私の経験を裏切っていた。

（なぜ）

暮れた道を歩きつつ、私は考え、息を漏らした。

（いや、これも見間違いかもしれないし……）

男が精神を病んでいるのは、見た瞬間からわかっていた。

無論、病名は知らないが、幻覚症状を伴った妄想性障害の可能性もある。ならば、いもしない存在を作り上げることもあるに違いない。今までの彼の振る舞いにそういう感じはなかったが、症状が進んで、幻覚が出てきた可能性もあるだろう。

また、初めて彼の症状を見て、私はそれこそ脳内で、彼の「お相手」が隣にいると錯覚したのではなかろうか。

（絶対、ないとは言い切れない）

本心は真逆のことを思っていたが、私は自分を納得させた。

どのみち、関わりを持つ気がないなら、案じるのは偽善というものだ。

この先、あの男のことはなるべく気にしないようにしていこう。

私はそう思った。が……。


普段、利用する道を使わずにいるのは無理だった。

車道を挟んだ反対側を歩くことは可能だが、自宅に帰るためには結局、道を渡り直さねばならない。

面倒臭いし、そこまで男を意識するのはかえって嫌だ。

毎日通う道ではないし、いつも男がいるわけでもない。実際、今までも気づかぬままに通り過ぎたこともある。

ゆえに結局、私は視線を逸らすだけで、同じ道を使うことにした。

男はまた、階段の端に寄って座っていた。

見るまいとは思っていても、気に掛かる。

影は錯覚だったのか。

確かめたい。

私は視線をちらりと送った。

やはり横を向いていたので、彼の表情はわからなかった。そして、その横にはやはり、黒い影が座っていた。

（一瞬だけ……）

そう。

今度は、男と並んで座っていると、はっきりわかったのだ。

それを否定することは、私にはもう無理だった。

階段には黒い影がいる。

男はそれを認識している。

私もそれを知ってしまった。

わからないのは、その影の正体が一体、なんなのか、男にはどう見えているのか、ということだけだ。

確認する術はない。したくもなかった。

私はまたも足を速めて、通り過ぎただけだった。


見るたびに、影は濃くなっていくようだった。

同時に、男の態度も変わった。

ある日、彼は笑っていた。

見えない誰かと楽しそうに会話をし、笑い、頷き、相槌（あいづち）を打ち、冗談めいたことを言い、自分の言葉にまた笑った。

確実に影も喋（しゃべ）っているのは、間の取り方から見て取れた。

楽しそう。

幸せそうだった。

既に隣にいる影は、人の姿を取り始めていた。

私はそれを確認し、どうしようもない気持ちになった。

マズイことなのはわかっている。

だが、彼は満ち足りた表情をしていた。

世間から相手にされなくなって、どれほどの時を過ごしてきたのか。

もしかすると、男と対等に話をし、話を聞いてくれるのは、アイツしかいないのかもしれない。

それを単に、悪いモノだと見なすことは果たして是なのか。

本物を与えることもできないくせに、イミテーションを馬鹿にして、捨てろというのは傲慢だろう。

彼がそれで孤独から解放されたというのなら、咎め立てすることもない。

実際、できることは何もないのだ。

ゆえにそんな理屈をつけて、私は己を納得させた。

逃避であるのは理解していた。それでも、このまま男と影が蜜月を続けていくのなら、そっとしておいたほうがいい……そう考えたのは本当だ。

しかし、私は甘かった。

数カ月、男は影と楽しく喋り続けていた。

私はそれを眺め続けて、ある日、心の底から覚ったのだ。

——だめだ！

だめだ、ダメだ。

そいつから離れろ！

変化は唐突に訪れた。

前触れもなく、いきなり黒い影の姿が、細部までくっきり目に映ったのだ。

それはかつて見たこともない、おぞましい姿を取っていた。

ただの死霊ではない。

人ですらない。

魔物というのか、それともあれを悪魔と呼ぶのか。

いや、名前などどうでもいいことだ。

あんなものが存在するのか。我々の身近にいるというのか。

私は彼を聖者と見た。だが、無垢な器には、易々と魔も侵入するのだろうか。魔が愛する器もあるのだろうか。

もう、同情もできなかった。

私はただ、怖じ気づいた。

考えるのは、その影に気づかれたくない——それだけだ。

私は顔を伏せて逃げながら、男が無事であることを祈った。

滑稽な祈りは届かなかった。

おぞましい影を見てから数日後、私はまた男を確認した。

彼はいつものように、雑居ビルの階段に腰掛けていた。

ただ、腰を下ろしたその位置が、前回とは異なっていた。

（真ん中に座っている……）

そう知って、私は改めて階段を見た。

黒い影は見当たらない。

（いなくなった？）

私は少しホッとして、ゆっくり前を横切った。

しかし、視界に入った浮浪者は、私の知る男ではなかった。

私が見ていた男はいつも、明るい色の服を着ていた。

どうやって服を調達するのか、方法を知る由はないけれど、汚いながらも赤やオレンジ、緑といった、はっきりとした色を彼は好んだ。

けれども、階段の真ん中にいた男は、全身、黒を纏っていた。

いや、黒く見えただけかもしれない。

なぜなら、男の姿そのものが、明かりのない場所にいるごとく、黒く、暗い陰翳に覆い尽くされていたからだ。

以前、そうしていたように、彼は通行人を眺めていた。

自ら纏った暗がりの中、生白く目が光っている。

その眼差しに気がついて、私は鳥肌を立てた。

凄まじい……。

恐ろしく異様な眼差しだった。

憎しみと怨嗟しかない。それでいて、生気がまったく感じられない。

冷たい。

——人を殺す目だ。

殺人犯などニュースでしか見たことないが、反射的に私は思った。

堪らず、私は踵を返し、横断歩道を渡って逃げた。

信号を待っているとき、僅かだが、膝が震えたのを憶えている。

害される対象になるという想像をしたのは確かだ。が、それよりも、私はそう考えた自分の思考をアイツに覚られるのが怖かった。

男は取り込まれたのだ。

彼の中にあの影が侵入したのではなくて、彼が影に食われてしまったのだ。

そうでなければ、あんな人間離れした眼差しを持てるはずはない。

聖者は魔物になったのか。

私はあの影の目を、人を殺す目だと判じた。直感で得たその感覚は間違いではないと思っている。

家に戻っても暫く(しばら)の間、恐怖と気味悪さは消えなかった。

彼のことも頭から離れなかった。

楽天主義を装った自分の欺瞞(ぎまん)と無力さに苛(さいな)まされた時間もあった。

但し、落ち着いてくるにつれ、別の不安も湧いてきた。

(殺すのは、他人とは限るまい)

自分を、あの男の肉体を、影は殺すのかもしれない。

いや、それとももう彼の魂は殺されて、食われてしまっているのだろうか……。

翌日も、その道を通らざるを得なかった私は、最初から反対側の道向こうを歩いた。

そして、行き来する車の隙から、恐る恐るビルの階段を窺った。

少し時間が早かったせいか、男の姿は見当たらなかった。

気になるのは確かだが、見ないで済んだのは幸いだった。私は肩の力を抜いた。

だが、数日後、また車道越しに様子を窺ったときも姿が見えないのを知って、私はうっすらとした不安を抱いた。

次の機会、私はビル側の道を歩いた。

やはり、彼はいなかった。

数カ月、そして一年以上経った今もまだ、私は男を見ていない。

暫く事件や事故のニュースをこまめにチェックしていたが、男らしき犯罪者も死体発見の記事も出なかった。

無論、浮浪者ひとりがいなくなっても、世間は気にもしないだろう。

——無事でいてほしいとは思っている。

だが、もう一度、男に会っても、私は彼だとわかるのだろうか。

私が出会い、一度でも聖者だと思った浮浪者は、もうどこにもいないのではないか。

今でも、階段の前を通るたび、私は落ち着かない気分になるのだ。

聖者たち（二）

むしろ笑い話なのだが、私にはちょっと不思議な運がある。

まったく理由はわからないが、人からよく物をもらうのだ。

親と同居していた頃、近くの商店街にある豆腐屋では、何を買っても、当然のように油揚げが二枚ついてきた。

母が買いにいっても、つかない。

なのに、私が行くと、油揚げを買っても、油揚げ二枚がオマケにつく。

母はそれを見るたびに、悔しそうな顔で私を睨(にら)んだ。

「あんた、後ろに狐がいるに違いないわ」

油揚げだから狐なのだが、無論、これは豆腐屋に限った話だ。

同じ商店街の和菓子屋では、必ずお赤飯のオマケがついてきた。

それも、ほかの人にはないらしい。

あるとき、近所のお総菜屋で、おにぎりをもらったときがあった。

それを知った母は、さすがにキレた。

「お前、そんなに物欲しそうな顔をしているのか⁉」

……しているかどうか、本人にはわからない。

旅の途中、神社の境内に座っていると、鳥居の前にトラックが停まって、ごつい顔の運転手が降りてきた。

「やるよ」

彼はぶっきらぼうに、袋一杯の柿をくれた。

また、奈良県の玉置神社に行ったときは、いきなり謎の山伏が走って現れ、私にここで待つよう言った。訳がわからず従っていると、彼はなんと、お堂にあった供物を両手一杯取ってきた。

梨に、バナナに、お饅頭。

「置いておいても腐るだけだ。構わないから持っておいき」

この山伏さんに、お堂の供物を扱う権利があったのかどうかは知る由もない。だが、辞退しても頑に供物を私に押しつけるので、渋々……いや、有り難く頂いた。

梨やバナナは重いから、旅中の荷物としてはしんどい。だけど、厚意は厚意として受け取りたいから仕方ない。

沖縄でも、大きな土産をもらった。

古い石垣の塀越しに、本土では見ない桃が稔っていたので眺めていたら、その家の人が顔を出した。

「珍しいかね。ひとつやろうか」

「いいんですか?」

私は単純に、おばさんの厚意を喜んだ。

すると、おばさんは一旦、家に引っ込んだのち、なんと実の生った枝そのものを伐ってきて、私に手渡してきたのであった。

枝は一メートル近かった。

最早、断ることも叶わず、その後ずっと私は枝を肩に担いで、旅を続けたのだった。

京都の某観光寺院では、目が合った尼さんに手招きされて、「ほかの人には内緒よ」と、お菓子を頂いたこともある。

奈良の神社でも、社務所の窓越しにお茶と餅を出されて食べた。

恐ろしかったのは、高校時代、上野で出会った男性だ。

見るからにヤクザといった感じの男が、唐突に前に立ち塞がって、笑みもなく、私に言ったのだ。

もちろん、本気で断った。しかし、ドスの利いた声で凄まれては、十代の女子は太刀打ちできない。

私は必死で後腐れのないものをと考えて、近くの老舗の甘味屋で、あんみつを買ってもらうことにした。

奢ってもらった後、どうなるか……。

怖い想像ばかりが湧いたが、彼は袋を手渡すと、上機嫌で去っていってしまった。

男の目的はなんだったのか。今でも私にはわからない。

量的に一番参ったのは、某デパートの地下でのことだ。

ポテトサラダを百グラム買ったら、

「よかったら、これも持っていって」

と、生春巻と蛸めしとグリーンサラダがついてきた。

次に魚屋にて、美味そうな鮭の切り身があったので眺めていたら、

「カマスのいいのがあるわよ」

と言われた。

確かにすごくでかいカマスだが、値段も千円近くする。

(でも、たまにはいいかもな)

そう思って、私は頷いた。

「じゃあ、鮭とカマスを一枚ずつ」

言うと、おばさんはにこっと笑って、両方、二枚ずつ、袋に詰めた。

「あの、一枚ずつなんですが」

「いいから、いいから」

何がいいのかわからんが、彼女は袋を押しつけてきた。

お金は各一枚の値段のままだ。

「お金、払いますよ」

「いいから、いいから」

本当に、何がいいんだか……。

実はその日は、まず昼飯を奢ってもらったのち、別の人から焼き海苔をもらい、和菓子屋でどら焼きをオマケにもらい、また別の店で煎餅をもらっていたのだ。

重すぎる荷物にぜいぜい言いつつ帰宅してから、堪らず、私は母に電話を掛けた。

「こんなにもらっても食べきれないし、腐っちゃうよ。明日、そっちに持っていっていい？」

母は怒った。

「どんな哀れな顔をして歩いているんだ、お前は！　私は娘を物乞いに育てた覚えはない！」

結局、いつも断りきれずに、物をもらっているのだから、母の怒りもわかるのだけど……。

——もしかすると、私の守護霊は凄腕の托鉢僧なのではないか。

最近はそんなふうに思って自分を落ち着けているのだが、やはり戸惑うときもある。

そんな数ある頂き物の中、忘れられない思い出を記そう。

数年前。

六月のある日、私は浅草を歩いていた。

確か用事があって、買い物に出掛けたのだ。だけど、何を買ったかはもう忘れてしまった。

とはいえ、浅草近辺は歩いているだけで面白い。

ある意味、ダサい場所ではあるが、東京下町に育った私にとって、ここは幼いときからの遊び場だ。慣れ親しんだその感覚が、何もない路地やありきたりの狭い公園を楽しいものに変えてしまうのだ。

そのときも、私はぶらぶらと浅草寺の裏を歩いていた。

気持ちの好い晴天だった。

梅雨の雨に洗われて、空気が綺麗に澄んでいる。

風は爽やかで、空も広くて、なんだかとても清々しい。

(裏から「ひさご通り」に回って、下駄屋でも覗いて帰ろうか)

鼻歌混じりにのんびり行くと、銀杏の大木が目についた。

何気なく、私は近寄った。

いつも通るルートではないので、その大木に馴染はなかった。が、知らない場所というわけではない。

木はずっと立っていたけれど、私の注意が向かなかったというだけだ。

銀杏の根元に佇んで、私は上を仰ぎ見た。

サックスブルーの空を背景に扇形の葉が重なって、尖塔を形作っている。

どれほどの樹齢かは知らないが、貫録のある大きさだ。

私は視線を幹に落とした。

根元に焦げた虚がある。

（やっぱり）

私は頷いた。

戦中の空襲で、東京の大部分は燃えてしまった。

特に敗戦の年、三月に起きた東京大空襲は凄惨で、一夜にして下町は焦土と化した。

死者は十万人以上。

歩き、走れる人間までが逃げきれず、これだけの数、殺されたのだ。動けない樹木が残るわけはない。

江戸を知る東都の老木は、そのとき、ほとんどすべてが焼けた。

その中、銀杏の大木は、比較的多く生き延びた。

炎に煽られたとき、自ら水を吐くとされるほど、銀杏の木は火に強い。ゆえに、防災のため、江戸時代には火除地に植えられたと伝わっている。

もちろん、銀杏も燃える。だが、生きた化石とも呼ばれるこの木は、生命力もまた強い。

空襲で黒焦げになった銀杏は、焼け爛れた樹皮を少しずつ、新しい皮で覆っていく。炭化してしまった木の中は、やがて崩れ落ちるけど、その頃には外の形が整って、銀杏は虚を作る形で、甦り、生長を続けるのである。

墨田区、東京スカイツリーの側にある飛木稲荷神社のご神木は、樹齢千年を超えるとされるが、これもまた炭化した虚を中に抱えて、なお見事な銀杏の大木だ。

目の前の木も同様だった。

焦げ跡を残した空洞を囲むごとくに沢山のひこばえが生え、生長し、大きなシルエットを作っている。

(すごい生命力……)

只者ではない迫力がある。

(よくぞ頑張って生き残ったね)

私はその木を労うと共に、強い畏敬の念を抱いた。

――「長く生きてきたことを尊いとして、神木は神木とされるんだ」

以前、知り合いは語っていた。

「長寿」という言葉があるとおり、長生きすることはそれだけで言祝ぐべきことなのだ。

だから、人より年を重ねた老木は神に近いものとされ、注連が掛けられる。

ある種の木には神が降りるとされているが、長寿の木は、木そのものが神として崇められる存在なのだ。

その人は、そう言っていた。

飛木稲荷の大銀杏は、空襲以前からご神木として注連縄が掛けられていた。だが、そののちも生き残り、一層、人々の崇敬を集めた。

最前、通り過ぎてきた浅草(あさくさ)神社の前に聳(そび)える銀杏も、大きな虚を持っていて、注連縄が掛けられている。

(ならば、この木だって神の木だ)

私なら、注連縄掛けるのに……。

実際、妙に神々しくて、私はその老木に手を合わせたいような気持ちになった。しかし、普通に立っている木を拝む勇気は、さすがにない。

私は幹にそっと触って、しばし上を仰いでいた。

と、いきなり脇から声が掛かった。

「あんた、わかっているんだろ」

嗄(しゃが)れ声にキョロキョロすると、視界から外れていた銀杏の根元に、ひとりの浮浪者が座っていた。

浮浪者——私は敢えて、この言葉を使いたい。

「浮浪者」は差別的な文脈で使われてきた歴史があり、言葉自体に負のイメージがまつわりついているとして、放送禁止用語になって、最近、滅多に聞かなくなった。

同様の人達を示す代替語は「ホームレス」というものだけど、正直、意味のない言い換えだ。

ホームレスとは、理由はともかく家を失い、路上で暮らさざるを得なくなった人達を指す。

一方、浮浪者を示す「浮浪」は、言葉の本来の意味として『大辞林』にこう記される。

『①さすらうこと。定まった職業・住所などをもたず、うろつき歩き暮らすこと。また、その人。「町から町へ―する」「―者(しや)」「―児(じ)」

②律令制で、本貫地を離れて他所へ行く人。浮宕(ふとう)。』

つまり両者は、同じ意味を持っているのだ。

どうも、日本人は横文字にしさえすればソフトになって、差別的なニュアンスが薄れると思っているようだ。

しかし、私は日本語が好きだ。

浮浪の「浪」には、その文字自体に彷徨(さまよ)う、流離(さすら)うという意味があり、用法は「浪人」とほぼ同じ。禄を失った侍だ。

日本の路上生活者には、こちらのほうが似合っている。

もっとも、昨今の浮浪者はブルーシートを利用した簡便な家を持ち、定住している人も多い。

だから、そういう意味では、彼らはもう、ホームレスでもないし、彷徨い人でもない。けれど、ほかに適当な言葉がないのなら、これは仕方のないことだ。

——話を戻そう。

声を掛けられて視線を向けると、銀杏の根元にひとりの浮浪者が座って、私を見ていた。

こういう人達は老けて見えるので、実際の年はわからない。けれども、枯れた感じのお爺ちゃんだ。

彼は少しサイズが大きい、作業着のようなものを着ていた。

小柄で、半分禿げていて、そんなにむさ苦しい感じはないが、風呂には入ってないのだろう。後退した額が、日焼けと垢で、黒くまだらに光っていた。

無言のまま、私は目をしばたたいた。

どういうわけか、私は見知らぬ人間に話しかけられる率も高い。

特に、老人、子供、浮浪者だ。

子供は用事を頼んでくるし、大人は道を訊いてくる。バス停などに立っていると、挨拶代わりに天気の話を振ってくるのはお年寄りだ。

そして公園なんかを歩いていると、浮浪者が話しかけてくる。

別に忌避する理由もないので、時間のあるときは立ち止まって、たわいない会話を少し楽しむ。

目の前にいる浮浪者も、そういう意味では馴染だが、言葉の意味がわからなかった。

私は困惑に首を傾げた。

と、

「あんた、この木に神様がいるってわかっているんだろ」

彼は歯を見せて笑った。

ドキッとした。

(なんで、わかるの?)

だが、衒いなく肯定するのもどうかと思い、私は曖昧な返答をした。

「ええまあ、そんな感じはしますね」

「手を合わせたいんだろ」

彼は続けた。

「だけど、人が見ているから、ちょっと恥ずかしいと思ってるんだろ」

……え？

ええ⁉

あ、あなたはサトリなのですかっ⁉

私は心底仰天したが、そこまで見抜かれては仕方ない。気恥ずかしいのも本当だけど、ここで逃げては女が廃る。

「ははは。じゃあ、拝ませて頂きますね」

苦笑して、私は両手を合わせた。

とはいえ、老人が気にかかるので、殊勝らしい文言は浮かばない。私はただ目を閉じた。

少しして、そっと瞼（まぶた）を開ける。

老人は満面の笑みを見せた。

「拝んでくれて、ありがとな」

彼は言った。

私は照れ隠しに微笑んだ。

さすがに会話が続かない。

すると、老人は布のすり切れたショッピングカートを引いてきて、取っ手にぶら下がっているポリ袋の口を開いた。

袋から摑み出したのは、浅草名物・人形焼だ。

参道辺りの店が廃棄したものをもらったか、拾ったかしたのだろう。

想像していると、老人はまた、覚った様子で呟いた。

「余ったのをくれるところがあるんだよ」

そして、

「やるよ」

彼は両手一杯の人形焼を私に出したのだ。

「い、いや、そんな……頂けないです」

「いいから。褒美だ」

老人は両手を突き出した。

引っ込める様子はまったくない。

私は一瞬考えてのち、

「どうもありがとうございます」

同じく、両手で受け取った。

この老人が、食生活にどれほどの余裕を持っているかはわからない。

しかし決して、毎日、温かいご飯と味噌汁を食べられる生活はしていないだろう。

人形焼は小腹を満たすおやつではない。空腹を紛らわす、ときには主食になるものという可能性もある。

それを、この人は私に分けてくれるというのだ。

断るのは、むしろ失礼だ。

礼を言って、私は人形焼をハンカチに包んだ。

その様子を眺めつつ、彼は幾度も頷いている。

なんとも、不思議なお爺さんだ。

もしや、この人、銀杏の木の下に住む仙人か何かではなかろうか。

そんなことを考えながら、再び礼を述べたのち、私は銀杏の下を離れた。

……だが。

浮浪者から食べ物をもらうなんて、あっていいのか？

いくら、私に「物もらい」運があるといっても、これは変化球すぎるだろう。

自宅に戻ってのち、私はその人形焼を食べるかどうか、すごく悩んだ。

笑い事ではない。

正直、怖い。

あのお釈迦様だって、食中毒で死んだのだ。私なんぞ、一発だ。

だけど、仙人様から下賜されたものをそのまま捨てるのも忍びない。

仙人でなくとも、浮浪者がとっておきをくれたのだ。その厚意をごみ箱に捨てては罰が当たるだろう。

(でも、あの手はかなり汚かったな……)

(ポリ袋も使い回していた感じだったな……)

唸りながら考えた末、私は人形焼の中を割って、外気に曝されていないあんこだけを少し齧った。

呑み込むには、勇気が要った。

何事もありませんように、と、神仏に祈ってしまったほどだ。

幸い、お腹は無事だった。

残りは処分してしまったが、それは勘弁してもらおう。

――しかし、奇妙だ。

あの人はなぜ「拝んでくれて、ありがとな」などと言ったのか。

まるで、銀杏の代弁者だ。

それ以上に、最初に木を見ていたとき、どうして私が思っていたことを、そのままズバリと当てたのか。

人形焼のショックで忘れていたが、思い出すほど不思議な感じだ。

私は半分、洒落めいて「銀杏仙人」などと呼んだが、あながち間違いではなかったのかもしれない。

後日、この話を人にしたところ、「仙人の人形焼を食べたご利益はあったのか」と質問された。

生憎、実感は何もない。

事実としては、単にまた「物もらい」運が発動しただけだ。

いや、銀杏仙人の一件は、手を合わせた「ご褒美」なのだから、私の運とは別かもしれない。

だが、「物もらい」運も相変わらずだ。

先日も、京都で神社から出た途端、目の前でバイクが急停車して、乗っていたお爺さんからひと袋、チリメンジャコを押しつけられた。

なぜ、くれたのか、もう考えないようにしているが……。

人形焼を見るたびに、私はあのときの青空と、神々しい銀杏と老人を思い出す。

だが、敢えて探しもしなかったので、銀杏仙人の姿はあれ以来、見ていない。

たとえ再び出会っても、老人は「仙人」であった自分を忘れているような気がする。

私のことも憶えていないのではなかろうか。

聖者も、また仙人も、無一物であることが資格のひとつだが、その魂は聖俗ふたつの境界を行ったり来たりしているようだ。

渡りきれば聖人になり、時には魔にも堕ちていく。

それが、彼ら彷徨い人のひとつの有り様なのかもしれない。

怪談を書く怪談

たとえば、何かを気にしていると、その件に関する情報がやたらと入ってくることがある。

縄文土器について知りたいなあ、とか思っていると、何気なく入った古書店に「手に取って」と言わんばかりにレアものの資料が置いてあったり、博物館で縄文時代の企画展が開かれたり、テレビで発掘のニュースが流れたり、挙げ句、ヤフオクで興味深い縄文土器が安く出品されていたりする。

無論、縄文土器とは限らない。

対象こそ人様々だが、似たような話はよく耳にする。

それを幸運だの引き寄せだのと言うこともできるのだろうけど、要はアンテナを張っているから、情報が網に引っかかるのだ。

たとえ、同じものが同じとき、同じところにあったとしても、己の興味の範疇（はんちゅう）外なら、目に入らないのが普通だろう。

だが、怪談・怪異はちょっと違う。

呼びもしないのに、集まってくる。

「怪を語れば怪至る」とは、昔から言われることではあるし、私も常々口にしている。百物語などはその典型で、一種の降霊術として成立しているほどだ。だが、それは縄文土器のように、興味の向きがそこにあるから目に入るというものではない。

自らアンテナを尖らせた結果、入手できる情報のほとんどは、そののち、こちらがもう一歩、踏み出したときに手に入る。

出掛けていったり、金を払ったりという、能動的手段が必要なのだ。

しかし、怪異は語るだけ、あるいは書くだけで、好き勝手に押しかけてくるのだから厄介だ。

二〇一三年現在、『Ｍｅ・ｉ（冥）』という怪談専門誌に、私は「いたって、いいじゃない」というタイトルの小説を連載している。

知り合いの霊能者達をモデルにしたもので、半分フィクション、半分実話だ。題名からも察せられるごとく若干軽いテイストで、深刻な内容は扱っていない。

その連載一回目に『オカルト時代』という、実在した雑誌のことを記した。

その趣向が自分で気に入ったので、以来、何かの本をサブテーマに持ってくるよう、心掛けた。

『Ｍｅｉ（冥）』三号に載った「感染(うつ)る写真」という作品は、心霊写真、または心霊ビデオをテーマにして記したものだ。

最初に考えた話は、脱稿したそれとはやや異なっていた。

以前、私が偶然に見た、生放送に映った幽霊を主題にしようと考えていたのだ。

しかし、『恐怖の心霊写真集』を素材に使おうと思ったときから、話がおかしくなってきたのだ。

超常現象研究家である中岡俊哉氏が編集した『恐怖の心霊写真集』は、タイトルどおり心霊写真の紹介と、その解説で構成されたシリーズだ。

販元は二見書房で、一冊目は一九七四年に出版された。

具体的な部数は知らないが、そうとう売れたのは間違いない。

『恐怖の心霊写真集』シリーズは、このの ち何冊も出版され、類似したものや再編集された本は、今も書店で手に入る。

ある意味、超ロングセラーであるために、私がどの時代に、シリーズのどれを手に取ったかは曖昧(あいまい)だ。

だが、小学生時分、この本を知ったというのは間違いない。

学校の側に文具店を兼ねた小さな本屋があって、私は年中、そこに入り浸っていた。

件の本は、その店にあった。

当時から怖い話が好きだった私は、そのタイトルを見た途端、本を棚から引き抜いた。そして、好物に齧りつくごとくに本を開いたのだった。

けれども、購入することはもちろん、最後まで頁を捲ることすら叶わなかった。

理由はひとつ――怖すぎたからだ。

文章を読むこともせず、私はただ写真を眺めた。

具体的に、どんな写真があったのか、正直、よく憶えていない。それでも、夕暮れの本屋の中で、ひとり、頁を捲るのが耐えきれなかったことは記憶している。

逃げるように、私は本屋を後にした。

だが、怖い物見たさには勝てず、そののち、たびたび本屋に行っては恐る恐る中を覗いた。

本はいつまでもそこにあった。

私と同じように立ち読みし、書棚に戻す子供ら、あるいは大人が沢山いたに違いない。『恐怖の心霊写真集』は、売れないままにくたびれてきた……。

そんな記憶があったので、私はそれを小説のエピソードとして使おうと考えた。とはいえ、中身の記憶が曖昧なままでは書きづらい。私はネット書店を検索し、中古品を注文しようとした。

しかし。

怖くて、購入できないのである。

カートに入れては、また戻し、再びカートに入れるということを、私は何度も繰り返した。

子供の頃に刷り込まれた恐怖というのは、なかなか払拭できないものだ。たかが本、と思っても、それを資料にするのはともかく、自分のコレクションとして書棚に納めるのは気が進まない。

生憎、時期も悪かった。

ちょうど旧盆に掛かっていたので、どうにも落ち着かなかったのだ。

明治以降、東京のお盆は新暦に則っているというのに、なぜ、月遅れのお盆が来ると、家鳴りが酷くなったり、故人が夢に現れたり、道端に薄い人影がうろうろしてたりするのだろうか。

東京のご先祖サマ達は、新暦と旧暦のシフトに分かれているというのか。

既に慣れてしまったとはいえ、七月と八月の二度、「お盆だからなあ」と思うのは、都民として鬱陶しいことだ。

——閑話休題。

ともかく時期が時期だったので、私は一旦、手を離し、別の仕事をすることにした。

そうして、時を稼いでいるうち、雑誌『ダ・ヴィンチ』が送られてきた。

稲川淳二さんの特集で、氏秘蔵の心霊写真が掲載されている号だ。

私は編集のRさんから、企画を既に聞いていた。

久しぶりに、こういうテーマを扱えるのが嬉しい、と、彼はにこにこしながら語った。私も大いに同意して、雑誌が届くのを楽しみにしていた。

だが、その写真も見られなかった。

特集頁を開いた途端、私は反射的に雑誌を閉じた。

怖い。

見たくない。

どうも、特集が怖いというより、『恐怖の心霊写真集』に引きずられ、写真そのものに対する警戒心が強くなっているようだ。

——なんで、こんなに怖いんだろう。

あの本が怖かったのは、子供だったからではないか。もう、いい年になったのに、何をそんなに怯えているのか。

第一、仕事で使おうというのだ。ぐずぐずしていたら、締め切りに間に合わなくなってしまう。

だんだん、私は焦ってきた。

それでも買う気が起こらないので、逡巡した末、勘の鋭い知人らに本を買ってもいいかと尋ねた。

我ながらガキ臭くて、恥ずかしい質問だ。

しかし、その稚拙な問いを揶揄する人はいなかった。

答えはすぐに返ってきた。

似たような年代の知人らは皆、あのシリーズについて、明確な記憶と意見を持っていた。

そして、中の誰ひとりとして、本を購入した人はいなかった。

ひとりの返事はこうだ。

「買ってもいいけど、なるべく早く手放したほうがいいと思う」

もうひとりの返事は、拙作の登場人物の台詞として使われた。

「心霊写真本とか見ていると、自分だけが見ている気がしない。誰かが一緒に覗き込んでいる気がします」

そのほか、私同様に立ち読みはしたが怖くて買えなかった人、本自体、まともに見られなかったという人がいた。

――「買うの、やめます」

私は皆に返事を送った。

知人・友人が臆病者揃いだったとは思わない。皆、常識的な社会人だ。その社会人達が揃いも揃って、似たような忌避感を抱いているなら、すっぱり諦めたほうが無難だろう。

しかし、資料は必要だ。

（しょうがない。必要なところだけ、図書館でコピーしてくるか）

腰が引けつつも思い直して、私はインターネットで図書館の蔵書を検索した。

地元の区では一館、一冊だけ、該当シリーズが見つかった。

お盆は既に終わっていたが、猛暑はまだ続いている。少しでも陽射しを避けようと、私は閉館間際を狙って、小さな図書館に駆け込んだ。

本を探して、コピー機へ向かう。

取るのは表紙と奥付と、適当に選んだ本文だ。写真は取りたくなかった。が、本文に入れ込んであるものは仕方ない。

(まあ、コピーだし)

これ以上、神経質にはなりたくない。

年輩の男性が退くのを待って、私はコピーを取り始めた。

しかし、数枚を取り終えたところで、コピー機は動作を止めてしまった。

用紙切れのマークが点滅している。

私は小さく舌打ちし、受付にいる女性を呼んだ。

女性はやや面倒臭そうに、表示を確認するとトレイを開けた。

紙はまだ沢山入っていた。捌き直して、確認したが、機械はうんともすんとも言わない。

なんとも言えず、嫌な感じだ。

「壊れましたか……」

愛想笑いをしながら言うと、女性はまるで私が悪いというような鋭い一瞥をくれたのち、本を押さえているカバーを開けた。

『恐怖の心霊写真集』

タイトルが露わになる。

さすがに、これは恥ずかしい。

女性もそれを見たのだろう。彼女はまたも私を睨むと、一旦、本を置き直し、それから再びカバーを閉じた。

鈍いモーター音を立て、機械は正常に作動した。

結局、彼女は何も言わずに、そのまま受付に戻っていった。

(いい年した女が子供騙しの本をコピーしていたとか、後で嗤われそうだよな)

恥ずかしいのと気味悪いのとで、私は大急ぎで作業を終えると、本を戻して図書館を出た。

何もあのタイミングで、機械が壊れることもなかろうに。

夕暮れの道を辿りつつ、私は溜息を吐いた。それから、ふと、このことを作品に反映させようと思った。

ネタとしては悪くない。

ちょっと恥をかいたけど、いいエピソードが得られたと思えば、安いものだろう。

私は自分を納得させた。

今、思えば、機械が動かなくなったとき、さっさと諦めればよかったのだ。

しかし、私は気づかなかった。

そのときはただ、これで書ける——そう思っていただけだった。

執筆はまったく進まなかった。

本の一部を引用するつもりでいたのに、コピーを見る気が起こらないのだ。ソファに投げ出した数枚の紙片を横目で眺めつつ、私はそれをどうしても、手に取る気分になれなかった。

時間を割いて、わざわざ図書館まで行ったのに、これではなんの意味もない。そう思ったが、気持ちは変わらなかった。仕方ないので、取り敢えず、私は具体的な内容を引用しないまま、原稿を進めた。

例年にない猛暑の夏となったため、夜になってもほとんど気温は下がらなかった。ゆえに、クーラーもつけっぱなしだ。

最近のエアコンは頭が良くて、要らぬ世話を焼く傾向にある。風は勝手に上下左右するし、こちらはまだ暑いと思っているのに、送風を控えてみたりする。苛々(いらいら)するので、小癪(こしゃく)な機能のスイッチを切ったりするのだが、なかなか思うようにはいかない。

その晩、そのときも、送風口は勝手に風の向きを変えた。

エアコンのモーター音と共に、乾いた音が耳に届いて、私はパソコンから目を上げた。

音のするほうに視線を投げると、ソファの上に放っておいたコピー紙が風を受けて戦慄(わなな)いている。

大きな音ではなかったが、気づいてしまうと耳障りだ。

原稿に集中していた意識が切れた。

私はひとつ息を吐き、紙をどかそうと椅子から立った。

途端、別の音が聞こえてきた。

——ばたばたばた。

振り向くと、エアコンの端から、水が滴り落ちている。

「はあ?」

苛立った声が出た。

実は、以前にもこのエアコンは同じトラブルを起こしていた。

引っ越して、エアコンを付け替えたとき、排水ホースの差し込みが甘かったのが原因で、夏場に床が水浸しになったのだ。

そのときはすぐに修理を頼んだ。

以来、五年以上、何事もなくエアコンは動いていた。なのに、どうして、今、このタイミングで、再び水を吐き始めるのか。

修理を頼むにしろ、夏の日中にクーラーを止められるのはかなり辛い。

何より、仕事が滞る。

部屋の中程に立ったまま眉を顰めて、私は周囲を見渡した。

コピーが風に震えている。エアコンの水も止まらない。

(どっちみち、今は真夜中だ)

冷たい風が出るのなら、暫く放置しておこう。

素早くコピーを移動してから、私は床を雑巾で拭き、エアコンの水をバケツで受けた。

それから机に戻ったものの、原稿に集中することは叶わなかった。

苛々は募る一方だ。

滴る水は、妙に正確なリズムを刻んだ。

ポリバケツの底を叩くその音が、やがて溜まった水に落ち、ピチピチという音に変わった。

――うるさい。

私はまた溜息を吐き、バケツの中を覗き込んだ。

微かではあるが、溜まった水は薄赤い色を呈して濁っていた。

有機的な感じで、気味悪い。

それを捨てて、音が立たない工夫を施しているうちに、原稿を書く気が殺がれてしまった。

今夜はもう、ダメだろう。

私は諦め、パソコン画面をインターネットのニュースに替えた。

猛暑と熱中症のニュースが冒頭にピックアップされている。

まだ、当分は暑そうだ。

（クーラー、修理すべきかなあ）

放置しておいて、万が一、動かなくなってしまったら、私も熱中症の仲間入りだ。

とはいえ、電気屋を呼ぶのも億劫だ。

すっかり憂鬱な気分になって、私はエアコンとバケツを見比べた。

――水の音は止んでいた。

漏水が止まっている。

なんで？

いや、疑問に思うべきではない。

「よかった」

敢えて声に出し、私はパソコンに向き直った。

仕事……。やはり、やめておこう。

今日はエアコンが直ったことを素直に喜んで、寝てしまおう。

両者に因果を見るのは考えすぎだ。だが、仕事に戻って万が一、再び水が漏れたりすれば、私はきっと原稿とエアコンの不調を関連づける。

私というのは、そういう女だ。

だから、切り離すため、仕事は中断する。

決して望むわけではないが、これでこののち水が漏れたら、ある意味、ひとつ安心できる。

私はそのまま布団に入った。

さすがに、この熱帯夜ではエアコンを切るのは無理だった。が、設定温度を上げたお陰か、その晩、水は漏れなかった。

けれども、理性的であろうとした努力はまったく無駄に終わった。

原稿に集中すると、エアコンは再び水を吐き出し始めたのだ。

外気温との関係だろうと、またも常識に縋りつき、数日過ごしてみたものの、関連性が見出せるのはそんな理屈ではなくて、原稿を書くか否かという道理の通らないことのみだった。

無論、ふたつが正確に連動しているわけではない。

時には起き抜けから水が滴るときもあるし、執筆中でも差し障りの出ない場合もある。しかしながら、ふたつが連動する確率は、相当、高いようだった。

ただ、これ以上、漏水がひどくなる様子も見えなかったので、エアコン自体は放っておいた。

修理をするのは、涼しくなってからでいい。

問題は、仕事が捗らないことだ。

私は苦肉の策として、昼間は近くの喫茶店で原稿を書くことにした。

ここでもエアコンが壊れれば、怪現象も本物だ。だが、外では何も起こらなかった。

(やっぱり、考えすぎだよね)

それでも気持ち悪かったので、図書館で取ってきたコピーは、ごみの日に丸めて捨てることにした。

結局、費やした時間と労力は、すべて無駄になったわけだ。

しかし、既に資料がなくとも平気なように、話を軌道修正していたので、コピー自体に未練はなかった。

口を閉じるだけとなっているごみ袋の前に立ち、私はコピーの束を捻(ひね)った。

と、一枚のコピーが目についた。

中表紙の隣、カバー袖が映ったものだ。

通常、図書館の本は粘着性の透明フィルムによって、カバーごとコートされている。コピーした本も同様だ。

貼りつけられたその袖が、筋となって映った端から、紙片の角がはみ出していた。

(なんだ、これ……)

一瞬、私はドキッとした。

お札(ふだ)のように思えたからだ。

見えないところに、そういった護符を貼ることは、まじないとしてスタンダードだ。

『恐怖の心霊写真集』に関わって以来、もやもやとした薄気味悪さをずっと抱えていたために、私は数ミリ覗いた紙片に、あらぬ想像を掻(か)き立てられた。

無論、それは一瞬だ。

私はすぐにその紙切れは、セキュリティタグだろうと察しをつけた。

図書館の盗難防止策がどうなっているのか、きちんと知っているわけではない。

一般商店などでは、バーコードのようなスティックがその役割を果たしているが、公的機関が使用するものを確認したことはない。

だが、紙片を護符と思うより、タグと見るほうが妥当だろう。

私は自分に失笑し、コピーをごみ袋に突っ込んだ。

大体、何が「『恐怖の心霊写真集』に関わって以来」だ。

これが「『ヴォイニッチ手稿』に関わって以来」とか「安倍晴明(あべのせいめい)真筆とされる古文書に関わって以来」というなら、まだ少しは迫力がある。

しかし、話は『恐怖の心霊写真集』だ。

累計で何十万部も刷られたであろう娯楽大衆読み物では、怪談の素材としてお粗末すぎる。

実際、書いている今も、タイトルを記すたびに馬鹿馬鹿しく、恥ずかしい気持ちが湧いてくる。

そのときも、似たような思いを抱いて、私は己を嘲笑(あざわら)った。

（いいや。これもネタにしちゃおう）

臆病も、たまには役に立てなくては。

私はごみを片付けて、改めて執筆に取りかかった。

エアコンの下に置いているバケツは鬱陶しかったが、原稿に目処がつくまでは放置しておくほかはない。

なるべく意識を向けないように、ときどき喫茶店にパソコンを持ち込み、私はともかく頁を稼いだ。

やがて、物語は後半に入った。

些細な心霊現象が起きる場面だ。

（どんな現象を起こそうかな）

外にナニカがいるのがいいか。

禍々しいモノが外にいて、窓を開けると入ってくるのだ。

話の中での季節は真夏だ。

ならば、窓を開けさせる小道具には、蝉を使うことにしよう。

半月ほど前、我が家のベランダにアブラゼミが止まったときは、うるさくて閉口したものだ。あのやかましさなら、追い払うため、窓を開けても不自然ではない。

現実の町では既に、蟬の声は絶えていた。

今年の暑さは異常だが、それでも秋の虫は鳴き、空は高く澄んできている。

陽が落ちるのも早くなった。

暗くなってからのほうが、仕事が捗る質(たち)なので、私は夜から明け方までの時間を有効に使っていた。

秋の真夜中はホッとする。

夏場は落ち着かなかった空気が闇に沈んで、沈黙がひと色、深い感じだ。

エアコンもスイッチを切ってまで、水を落とすことはない。

その静けさの中、季節を戻して、夏の情景について私は記した。

耳に届くのは蟋蟀(こおろぎ)の声だが、蟬の声を思い起こして……。

私はふと、顔を上げた。

蟋蟀の声がやけに大きい。

逞(たくま)しく精力的に鳴く声は、耳障りに思えるほどだ。

(えらく頑張って、求愛してるな)

集中が途切れた。

立ち上がって、私は近くの窓辺に寄った。声は別の方から聞こえる。その源を求めて廊下に出ると、音が一層、大きくなった。
（いや、大きいんじゃなくて）
近いのだ。
私は声の在処を探した。
そんなに広い家ではない。明かりも点けずに廊下を進むと、すぐ玄関に突き当たる。
ドアの前に立つと、蟋蟀の声は金属的なまでに際立った。
玄関の外にいるらしい。
私はドアの鍵を外した。そうして、ドアノブに手をかけてから、
「……ちょっと、待て」
と、自分に言った。
なぜ、開けなくてはならないのだ。
蟋蟀が玄関にいてもいいではないか。
というか、ここは八階だろう？
蟬や蜻蛉ならともかくも、蟋蟀がなぜ、ここにいる？
エレベーターにでも乗り込んだのか？
（不自然だ）

私はドアスコープから、外を覗いた。

ドアの際にでも張りついているのか、それらしいものは見当たらない。

蟋蟀の声は一層、大きい。

私は席を立つ間際、書いていた原稿を思い起こした。

――禍々しいモノが外にいる。

そいつは開けると入ってくる。

登場人物のひとりは気づかずに、蟬の声がうるさいと、窓辺に寄って……。

私はノブから手を離し、慎重に鍵を掛け直した。そうして一歩退くと、蟋蟀の声はぴたりと止んだ。

人の気配に気づいての、虫としての習性か。それとも、理由は別にあるのか。

私はそっと机に戻った。

モニターに記された原稿は、蟬の声云々で途切れていた。

フィクションと現実の差こそあれ、同じ虫の声に人間が惑わされている。

「参ったね」

失笑とも、自嘲とも知れない声が零れた。

今更、記すことではないかもしれないが、ときどき、私はおかしな体験をする。

しかし、その瞬間に、適切な態度が取れるわけではない。

たとえば幽霊らしき影を見たときも、その刹那は訳がわからず、現象から離れたときに鳥肌を立てるのが常だ。そして、その現象が不愉快だったり理不尽だったりしたときは、後で腹が立ってくる。

なんで、私がこんな目に遭わなきゃならんのだ、といった怒りだ。

だが、腹を立てた頃には大概、〝当事者〟は消えた後なので、文句を言うことは叶わない。

ゆえに鬱憤を晴らす手段として、あるときから、私は自分が見聞きした不思議なことは原稿にしてやる、と決めたのだ。

心霊を金に換えるのだ。

プライバシーを暴かれたくないなら、出てくるな――そういった脅しのつもりだったが、なぜか体験は一向、減らず、むしろ滅多にネタに困らないという、有り難いんだか有り難くないんだか、わからない状況に陥ってしまった。

あるとき、それを知人に言うと、知人は腹を抱えて笑った。

「だから、余計に来るんじゃない。自分の存在を知ってほしくて出てくる連中も多いんだからさ」

　つまり、私の思惑は真逆の効果を生み出して、〝彼ら〟のための広告塔を自ら買って出ているようなものだと言うのだ。

「アイツのところに出ると、みんなに広めてくれるらしいぜ」

　そんな噂が広まっているのか。

　私はそう覚ったが、結局、怪談実話などを書く都合上、体験をネタにするという方法は手放せなかった。

　大体、頭で考えたことより、実際、起きることのほうがバラエティに富んでいて、意外性があったりするのだから、始末が悪い。

　ゆえに、今回の連載のように、フィクションであっても、実体験を盛り込んでしまう場合も多い。

　光文社から出ているシリーズにも、実話は入り込んでいる。

『２０３号室』というアパートを舞台にした作品にも、そこここに自分が体験した怪異がちりばめられている。

　その中のひとつに、主人公が床の一部に温もりを感じるというシーンがある。

独り暮らしの部屋なのに、ついさっきまで誰かが座っていたように、床の一部が温もっている。気づいて、主人公はぞっとする……。

現実に体験したときも、かなり嫌な気分になった。

季節は忘れてしまったが、素足の気持ち好い時分だった。

その夜中、隣の部屋に行くために、私は暗いままの廊下を歩いた。

蹠（あなうら）に感じる冷たい廊下は、結構、気持ち好いものだ。夏場はいつも、それを楽しんでいるのだが、そのときばかりは様子が違った。

いきなり廊下の真ん中で、足の裏に感じる温度に変化があったのだ。

——温かい。

ぎょっとして跳びすさってのち、私はまじまじと床を見た。

何もない。

それを確認し、恐る恐る膝を折り、床に指を滑らせた。

確かに、温度差があった。

範囲は丁度、人が壁に背をつけて座っていたほどだ。指に感じた温度も、人間の体温に近いものだった。

見えない誰かが、ここにいたのか。

あるいは見えないというだけで、今も座っているのか。

さすがに少し怖くなったが、それ以上のことは起こらなかった。

やがて温度も元に戻った。

多くの怪談では、幽霊がいた場所はじっとり湿って、冷たいというのが定番だ。温かいということはない。それを裏切っていたためか、何人かの読者は印象的な怪異として、そのシーンを挙げた。

普通とはパターンが違ったから……。

いや、多分、真実には力があるのだろう。

この場合、私が言う「力」とは、エピソードとしての迫力ではない。怪異自体が持つ「力」――いわば、妖気とでも呼ぶべきものだ。

この妖気が適度なものなら、作品としての怪談のテンションは上がる。だが、強すぎるものは禍となる。

書けない話、話すこともできない怪談があるというのも、よく聞く話だ。

理由として一番多いのは、現実的な問題で、場所や当事者が特定されてしまう場合だ。

怪談では、禍や不幸を描く話も多い。幽霊譚のほとんどは死にまつわる話でもある。

だから、話の因果も場合によっては凄惨な色を帯びてくる。

私が聞いたいくつかの話も、そうだった。

それらはほとんど偶然に、あるいはちょっとその手に詳しい人と見なされて、相談された結果、知った話だ。

最初から、作品にすることを前提に収集したものではないゆえに、そういう話を公にしてしまうのは仁義にもとる。

当事者の許可が得られれば、記すことも可能だが、大体、凄い話というのは、「これをネタにしていいですか」などと、訊くことすら憚られるのだ。

曰くつきの中古物件を買い、引っ越しもできずに苦しんでいる人の話など、とてもじゃないがネタにはできない。

だが、こういった道義的な問題がない場合でも、書けない話は存在する。

それが「力」の強い話だ。

この手のものを書こうとすると、寝た子を起こすごとく怪異は甦って禍を呼ぶ。それどころか、洒落にならない事態を新たに招いてくる。

話の大小とは無関係だ。

この程度の話ならいいだろうとの、こちらの酌量も関係ない。

記憶が恐怖を呼び覚ますのか。それとも、文字にすることで、何かの作用が働くのか。私にはわからない。

けれど、〝呼ぶ〟話は呼ぶ。

書けない話は、絶対書けない。

自分の存在を知ってほしくて、出てくる連中がいると、知人は語った。だが、一方で、書かせまいとする輩もいる。

人に姿を現すモノは、すべてがすべて、自己顕示欲の強い目立ちたがり屋で括れるわけではないのだろう。

そういう話を無理に文字にしていくと、元の話より恐ろしいことが起きたりするから手に負えない。

意地になるときもあるのだが、大体、途中で敗退する。

巨悪を暴くドキュメンタリーじゃあるまいし、娯楽としての怪談で、命を縮めることはない――そう考えてしまうからだ。

実際、無理矢理書いて、世に出して、得をしたためしは一度もないのだ。

本当言えば、因縁の強い話こそ、厄払いの意味でも、他人様に話してしまいたいのだが……。

無論、この「厄払い」とは、他人に厄のお裾分けをすることではない。

私の気持ちとしては、多くの人と経験を共有することで、恐怖を拡散・希釈して、無難なものにしたいのだ。

だが、これもなかなかうまくいかない。

希釈したい話ほど書けないし、それより、もっと不可思議なのは、こちらになんの意識もないのに、読者を巻き込んでしまう場合があることだ。

さしてハードルも高くなく、気軽に書いた体験談で、同じことが家に起きたとか、読んでいる間中、家鳴りがしたとか。そんな話が、しばしば耳に入ってくる。

これこそ目立ちたがり屋が、私を騙して世に出(い)でて、見知らぬ人にちょっかいを出しているということなのか。

あるいは記したモノ語りは、本の中から滲(にじ)み、広がり、読者を感染させるのか。

これも、真実はわからない。

私は惑わされているのみだ。

ただ、『恐怖の心霊写真集』に抱く恐怖も、感染の危険だと理由づけると、しっくりくるような気がする。

とはいえ、このウィルスには免疫というものはない。

症状はいつも異なっている。

『恐怖の心霊写真集』に端を発した一連の些細な出来事——特に蟬と蟋蟀の一件は、私に新たな衝撃を与えた。

フィクションとして書いた事象とほぼ同じことが起きるだなんて、今まで考えたこともなかったからだ。

想像もまた滲み出て、現実を感染させるのか。

そうだとすれば、怪談を書き続けるリスクはあまりに高い……。

蟋蟀の声に脅かされた夜が明け、すっかり明るくなってから、私はドアを開けて、その姿を探した。

当然、蟋蟀は見つからなかった。

夜になって、また聞こえたら、本物だろうと思ったが、声は二度と響かなかった。どこかに行ってしまったか。最初からいなかったのか。

ともかく、それ以上は何もなく、無事に原稿は書き上げられた。

以来、エアコンの調子もいい。

残る不安は、この原稿の執筆を邪魔されないかということだけだ。

一番嫌なことは、データが消えてなくなることだ。ゆえに、私は用心し、まめにバックアップを取っている。

怪談を書くときは、いつもそうだ。

しかし、今回は相手のほうが上手だったらしい。

「怪談を書く怪談」執筆の途中、締め切りの都合で、私は一度、別の連載を仕上げに掛かった。

そうしたら、なんと、その原稿が冒頭から十枚ほど、見事に消えてしまったのだ。

なんてこった。

十枚と記すと少ないようだが、連載は一回、二十枚。つまり半分が消えたことになる。

半分、泣きながら書き直したものの、どれほどの時間を取られたことか。

参った。

やはり、〝奴ら〟は相当手強い。

――どんなに些細な話であっても、怪談は決して油断できない。

怪は、怪を招くのだ。

魄

怖い夢というのはあるが、夢の話が怪談になるかどうかは微妙だろう。夢は夢であり、現実とは無関係の次元にある。

幽霊を見たといった話は、たとえそれが錯覚であっても現実と地続きの出来事だ。しかし、夢は違う。目覚めてしまえば、それっきり。大体、怖い夢なんぞ、誰でも一度は見るではないか……。

そう思ってもいいのだが、恐ろしい夢を見たあとの胸苦しさは現実のものだ。たとえ、悪夢を見た原因が昨晩の食べ過ぎにあるとわかっていても、薄気味悪さはなかなか失せない。思い当たる原因がないなら、殊更、気にかかる。

——なぜ、あんな夢を見たのだろう、と。

物音が響いたのは、まだ日の高い時間だった。

震動を伴う爆発音。

私は慌てて外を見た。

南、東、北、西、そしてまた南を見ても、爆発なら上がるであろう煙の姿は確認できない。

ならば、マンション上階の住人がテーブルでも倒したのか。

私はそう考えた。

上の階には子供がいる。まだ幼いので、ときに遠慮なく暴れ回るのだ。

(しかし、今の音は大きかったな)

怪我でもしていないかと少し心配になったものの、顔を知る程度のつきあいだ。出かける用事があったので、その支度をするうちに、気が紛れて忘れてしまった。

夕暮れに差し掛かるのを待って、私は外に出た。

路地から幹線道路に向かうと、道路を挟んだビルの角に救急車が停まっているのが見えた。

(そういえば、さっきサイレンが聞こえていたっけ)

四車線の広い道なので、消防車や救急車はしょっちゅう通る。至近に来て停まらなければ、気にしないのが日常だ。

ビルで病人でも出たのだろうか。だが、どことなく違和感がある。その理由を摑めないまま歩を進めると、斜め先の中央分離帯に一台の車が衝突していた。

植栽された中央分離帯は、十字路の先から始まっている。そこに、車が真っ正面から、曲がろうとした形跡もないまま突っ込んでいた。

シルバーグレイのセダンだ。しかし、ボンネットは原形を留めないほどに潰れて、フロントガラスも割れている。

どれほどの速度を出していたのか。ブレーキも掛けずにそのまんま、ぶつかったとしか思えない。

数人の警察官が現場検証らしきことをしていた。事故から時間が経っているのか、彼らの動きは鈍く、また、野次馬たちの姿もなかった。

呆然として眺めるうちに、私はさきほどの爆発音を思い起こした。

あれか。

爆発と勘違いするほどの音を立て、車は突っ込んだのか。

私は改めて救急車を見た。

違和感の正体が判明した。赤色灯が消えているのだ。つまり、救急搬送の必要はない。……ということは。

嫌な想像が頭を過り、私は引き返して道を変えた。

好奇心は持たない。私が見たのは潰れた車と、停まった救急車だけだ。怪我人は既に別の救急車で、病院に搬送されているのだろう。

確信は別のところにあったが、いずれも私の想像に過ぎない。見知らぬ人のアクシデントを悪く考える必要はない。

道を変えて、駅に出て、私はそのまま電車に乗った。

友達との夕飯を終えて帰った頃には、事故のことは忘れていた。潰れた車もなかったために、私は幹線道路沿いを普通に歩いて自宅に戻った。

夢を見たのは、その晩だ。

——私は道路の手前に立っていた。

景色はすべて白々として陰もない。そして人影も車もなかった。

六車線、いや、もっとあったか。

ともかく広い道の手前に、私はただ、佇んでいた。

やがて道の向かいから、ひとつの影が近づいてきた。

赤茶色の大きな狐だ。

仔牛ほどもあるだろう。その狐はゆっくりと、広い道路を渡り始めた。

ああ、立派なお狐様だ。

私は狐を注視した。

どこの稲荷神の眷属か。これほど大きいということは、さぞ古い社のお使いか、または大切にされてきたのだろうな。

そう考えたが、近づいてきた狐は神々しい気配を纏っていなかった。

老狐なのは間違いない。だが、その毛並みは擦り切れたように貧弱で、胴はあばらが浮き立っている。狐は力ない足取りで、一歩一歩道を進んだ。

家移りか。

痛ましい姿を目にして、私はそう考えた。

多分、このお狐様はどこかの屋敷神だろう。大事にしていた主人が代替わりをして疎かにされたか、あるいは社を取り壊されて、土地を去ることにしたのだろう。

元の住まいは道の向こうか。そして、道のこちら側に新たな住処を定めているのか。

そんなことを考えながら見ていると、いつのまにか広い道路に中央分離帯が現れていた。

植栽は枯れている。そして、手前に大きな水溜まりがあった。

狐はそこに近づくと、水をゆっくりなめ始めた。

はらはらした。

車が来たら危ないだろう。轢かれてしまうかもしれない。早く渡ってしまえばいいのに。そんなに喉が渇いているのか。

狐は周囲に気を配りもせず、そのうち細い脚を折ると、座り込んで水を呑み始めた。

「危ないよ」

私は脅かさない程度に、声を上げた。

しかし、狐は動かない。

仕方なく、私は数歩、前に出た。

狐は私を見た。そして、背を丸めた中腰になり、私に鋭い歯を見せた。

鼻に皺が寄るほどの威嚇だ。

――邪魔をするな。

声が聞こえた。

狐はまた水を呑む。

水はただの水ではないのか、微かにとろりと盛り上がり、異様なほどに澄んでいる。

私は静かに引き下がった。そして、

「ああ、そうか」

目が覚めた。

胸の中に、重苦しいものが蟠（わだかま）っていた。

最初に感じたのは、怒らせてしまったという後悔だ。動物好きというのもあるが、私は夢に出てきた狐を稲荷神の眷属と見た。そういう尊い存在に怒りを向けられたのは辛かった。

舞台となった中央分離帯が、前日に見た事故の影響であるのはわかっていた。しかし、夢に車はなかった。逆に、現実の事故現場で、水らしきものを見た記憶もない。ガソリン漏れはなかったし、血痕もなかった。第一、なぜ狐なのか。私は何を納得して夢から覚めたのか。

私は夢を反芻した。

そして、気づいた。

痩せ衰えた老狐を見て、私はこのお狐様は人に疎かにされたのだと考えた。道を渡るのは守っていた家から去るためと、単純に考えていたのだが……もし事故に遭った人が「疎かにした」本人だとしたら。

いや、余所様の事故や不幸を軽々に語るのはいけないことだ。しかし、思い至った考えが、心から退くことはなかった。

ゆえに、この先は、よくある話として記す。

霊的な世界をあるものと見做す人々がよく聞く話と、それに対する推察だ。


祟り、障り、罰などという言葉があるが、祟るとされるのは、動植物、井戸、そして神となる。中でも昔から多く語られて、また恐ろしいとされるのが稲荷の祟りだ。

触らぬ神に祟りなしといった言葉は、お稲荷様にもっとも相応しいとされている。

多分、どんな土地にも祀られていて、身近な存在だからだろう。

縁を持つ機会が多ければ、怖いことの起きる確率も上がる。だが、それでも稲荷が祀られるのは、強力な現世利益が期待されているからだ。

実際、稲荷は商売繁盛の神とされ、多くの家に迎えられている。神棚に祀られる場合もあれば、庭にお社を造る場合もある。

それらが屋敷神として、丁寧に管理されている間はいい。しかし、代を重ねるうちに、次第に管理が億劫になり、手入れが行き届かなくなるときがある。または昨今の住宅事情で、社を守り切れなくなるときもある。

　そうしたとき、きちんとした手続きを踏んで、伏見なり豊川なりにお返しすればいいのだが、すべての人がそういうことに律儀であるとは限らない。

社をお荷物と感じる人なら、尚更だ。

　以前、中規模の町工場の裏に、お稲荷様を祀った社があった。塀越しで正面は見えなかったが、周りを数本の杉がぐるりと囲んで、かなり立派なものに思えた。

　あるとき、気づくと、その杉がすべて伐られてなくなっていた。どうしたのかと案じた数年後、工場は畳まれ、土地は売られて、マンションが建つという噂が立った。

　そうして次に気がつくと、土地は更地になっていた。

　社はどうなったのか。

　気になったものの確認する術はない。そして、確認できたところで、私に何ができるものでもない。不安はあったが、その気持ち自体が、ある意味、お節介だろう。

　私は努めて、そのことを考えないようにした。

　暫くののち、マンションが建った。立地が悪かったのかもしれないが、完成前から翻っていた分譲中の幟はなぜか、ずっと立ったままだった。

徐々にくたびれてくる幟を一年は見続けたに違いない。その幟が消えないうちに、正面の壁に車が衝突した。

事故の詳細はわからない。

だが、マンションはいつの間にか賃貸物件に変わっていた。

無論、屋敷神との関係は不明だ。しかし、私がこの件に因果を感じたことは確かだ。

祟りというのは、運を削り、不幸を運び、最悪、人の命を奪う。

私たちはそれを単純に、神の怒りや復讐と捉える。だが、本当にそうなのだろうか。

粗末にされた神々は、夢で見た狐のように痩せ衰えて、あるいは病んでいるかもしれない。そのままでいれば消滅し、彼らなりの死を迎える可能性もある。

実際、なんの手当もせずに壊された社の神などは、現実的にもこの世から消え、人の記憶から失せてしまうのだ。それを死とするならば、神も死ぬし、殺される。

そうなる前に、彼らが己を癒やす手段を講じたとしても不思議はなかろう。

祟りは懲罰ではないかもしれない。

痛めつけられた神性を取り戻さんがための、治療かもしれない。

己を追い込んだ人間の運や命が、その糧となる。

死後、人の魂魄（こんぱく）はふたつに分かれ、魂は上に昇り、魄は下に降って地面に染み入ると聞いている。魄は悲しみであり、憂いであり、泣哭（きゅうこく）の姿であるともされる。はっきりと形は伝わっていないものの、地面に染み入るというのなら、水のようなものに違いない。

それが贖（あがな）いとなるならば、貶められた神霊は悲しみを、憂いを、泣哭を、甘露とするのではなかろうか。

解説

朝宮運河（書評家・ライター）

今年（二〇二二年）に作家活動三十周年を迎える加門七海は、一九九二年のデビュー作『人丸調伏令』以来、伝奇やホラーを中心に数多くの小説を発表してきた。それと並行して『うわさの神仏　日本闇世界めぐり』をはじめとする民俗学・オカルト・風水などへの豊富な知識を生かしたルポルタージュやエッセイも執筆。また『怪談徒然草』などの怪談実話作品でも人気を博している。

こう紹介すると幅広いジャンルでマルチに活躍しているようだが、その作家的立ち位置は驚くほど一貫している。フィクションかノンフィクションかを問わず、加門七海の作品はほぼすべて幽霊や神仏、鬼やまじないなどの目に見えない世界を扱っているからだ。小説界広しといえども、ここまで真摯に超自然の世界を探究している作家も珍しい。現代に〝生粋の怪談作家〟と呼ぶべき作家がいるとするなら、それは加門七海のことだろうと私はひそかに考えている。

本書『船玉さま　怪談を書く怪談』は二〇一三年にメディアファクトリーより刊行された怪談実話集を、改題のうえ文庫化したものだ。オリジナル版の単行本には「船玉さま」から「怪談を書く怪談」まで十二話が収められていたが、文庫化にあたって新たに書き下ろしの「魄」が追加収録された。

怪談実話（実話怪談とも）とは、実際に誰かが体験した怖い話、奇妙な話をもとに構成された怪談作品のことである。怪談そのものはもちろん大昔から存在したが、実話であることに特化したひとつの文芸ジャンルとして確立したのは比較的近年、一九九〇年代前半頃だろう。二〇〇〇年以降になると裾野（すその）がぐんと広がり、今日では無数の書き手がそれぞれに特色ある怪談実話作品を発表している。取材がベースの実話でありながら、書き手によって作風に違いが出るのがこのジャンルの面白いところだ。

加門七海の怪談実話の特色は、著者自身の体験を記しているという点にある。一般に怪談実話といえば第三者の体験をルポ風に再構成するものだが、加門七海の怪談実話は基本的に一人称語りであり、怪談でありながら日常エッセイの味わいに近い。

というのも著者は奇妙なものを頻繁に見たり聞いたりしてしまう、いわゆる霊感体質だからである。本書の姉妹編的な怪談実話集『もののけ物語』などの記述によると、怪しい物音を聞いたり、自宅や街角で幽霊を見たりするくらいは日常茶飯事らしい。このことは怪談実話を執筆するうえで大きな利点のようだが、そうとばかりも言い切れない。怪談実話は体験談さえあれば書き上がる、という単純なものではないのだ。

背筋が凍るような怪談、思わず引き込まれるような怪談を成り立たせているのは、ひとえに書き手（あるいは語り手）の技量である。鉄板の爆笑エピソードでも口下手な人がしゃべると面白さが伝わらないのと同様に、怪談実話も実体験を「どのように語るか」によって印象が大きく左右されるのだ。加門七海がこのジャンルにおいて絶大な支持を得ているのは、語られる体験談の生々しさもさることながら、その語り口が一流であるからに他ならない。

怪談実話としては比較的長めの作品を多く含む本書『船玉さま』は、そんな著者の怪談巧者ぶりがたっぷりと味わえる一冊になっている。論より証拠、たとえば本書でも屈指の怖さを誇る「船玉さま」をやや詳しく読んでみたい。

作品の冒頭で語られるのは、「海が好きではない」という著者自身の感慨とその理由である。海は磯臭く、日差しや風が強く、死と距離が近い。山は山で怖ろしいが、それでも海の方が怖いのだと著者は言う。宗教や民俗学に造詣（ぞうけい）の深い著者は、そこから日本の神話と海の関わりに言及し、神道において海がいかに重要視されてきたかを語る。

そのうえで「とはいえ、神と海との関わりすべてが、清浄なものとは言い切れない」と意味ありげに続ける。このフレーズをきっかけに、いよいよ本題である友人の体験談へと移っていくのである。

この導入部は落語でいうマクラにあたるパートであり、怪異だけをシンプルに語ろうとするならば不要だろう。しかし海にまつわる一連の随想が、後半の展開の伏線となり、ひいては友人の家で起こった心霊現象に奥行きと余韻を与えている。

著者とレストランで食事をしていた友人は、引っ越した先で体験している不可解な出来事について語り始める。いやな感じのする踏切、海の近くに住む霊能者、そして友人宅に現れたおぞましい女の霊。度重なる怪異によって友人一家は疲弊していく。

語られる内容自体はなんとも凄絶（せいぜつ）なのだが、語り口はあくまで落ち着いたトーンを保っていることに注目してほしい。話し上手のご近所さんに招かれて、差し向かいで怪談を聞いているような、臨場感とくつろいだ雰囲気がここには同居している。冒頭と対応した「私はやはり海を好きにはなれそうにない」という一文で現実に戻ってくるまで、読者は忙（せわ）しない浮世を忘れ、ゆったりと達意の語りに耳を傾ければいい。

こう書くと「あまり怖くないのでは」と早とちりする読者がいそうだが、それは誤解である。本書で語られる怪談はいずれも、情け容赦なく怖ろしい。「船玉さま」で友人一家が霊障に悩まされることになったのは、ほんの些細(ささい)な出来事がきっかけであった。あるいは「茶飲み話」ではとある一家が次々と不幸に見舞われ、「聖者たち(一)」では街角の浮浪者が奇妙な言動を取るようになる。

彼らはなぜこのような目に遭わなければならなかったのか。作中で一応の推理は示されているが、肝心なところは誰にも分からない。本書で扱われているさまざまな怪異は、基本的に人間の知恵やルールが及ばぬ存在であり、私たちはその虎の尾を踏まないように大人しく暮らすしかないのだ。

たとえ霊感があっても対処しきれないことは、民話の里・遠野(とおの)への取材旅行での顚末(てんまつ)を記した「いきよう」を読めばよく分かる。殺人現場とされる廃屋を訪れた著者は、何度も「いきようがない」という不気味な声を耳にするが、その意味するところは最後まで分からないのだ。せいぜい対症療法的に、手を合わせることしかできない。

加門七海の怪談実話に漂っている独特の怖さの正体は〝ままならなさ〟の感覚ではないかと思う。コミュニケーションできない相手が世界のどこかに潜んでいるという恐怖。世の中を動かしているのが人間だけではないと気づくという居心地悪さ。誤ってタブーを犯してしまうかもしれないという不安――。ほとんど怪異らしい怪異が起こらない巻末の「魄」が、それでもやはり怖ろしいのは、こうした禁忌の感覚を扱っているからだろう。

思い起こしてみれば子供の頃、周囲には怖いものが満ちていた。大人になるにつれそうした感覚は失われ、世の中は人間の手でコントロールが可能だと思い込んでしまう。実際、目に見える世界はそうやって動いていることが多いだろう。

加門七海の怪談実話はそんな読者に、世界のままならなさをあらためて突きつけてくる。加門七海の怪談実話を読んだ人は、誰しも周囲が怖いもので満ち満ちていた子供時代に戻ってしまうのだ。それは悪いことだろうか。そうとばかりも言えないだろう。世界を正しく怖がることは、今よりも謙虚に生きることに繋がるからである。

すでに解説の紙幅をオーバーしつつあるが、二、三さらに付け加えておこう。

本書には失われた東京の風景が、怪異の形を借りてしばしば現れてくる。空き地での怪異を描いた忘れがたい小品「郷愁」、文豪・永井荷風が生きていた時代の空気を伝える「浅草純喫茶」。三味線にまつわる数奇な恋愛怪談「とある三味線弾きのこと」も、失われた時代へのノスタルジーが濃厚だ。これらは骨董や着物など古いものを慈しみ、東京の歴史に精通した加門七海でなければ書き得ない怪談実話であり、市井の人びとの生活の記録としても貴重なものだ。

「誘蛾灯」は二〇〇九年九月、怪談専門誌『幽』の創刊五周年記念イベントの打ち上げとして、同誌に関わる作家・編集者が房総半島のホテルに宿泊した際のドキュメントである。複数の作家が怪異の当事者となるという、怪談文芸史上極めてレアなこの夜の出来事については、同宿していた伊藤三巳華、立原透耶、宇佐美まこともそれぞれの視点から怪談実話を執筆している。『怪談実話系３　書き下ろし怪談文芸競作集』という本に収められているので、興味のある方は探してみていただきたい（壊れたサイドミラーの写真もしっかり掲載されている）。

「怪談を書く怪談」は怪談を書くことを生業としている著者の日常を覗かせてくれる興味深い一編。往年のベストセラー『恐怖の心霊写真集』について原稿を書こうとした著者だったが、その本が怖くて入手できない。コピーをもとに原稿を進めようとするも、異変が次々と降りかかる。「この手のものを書こうとすると、寝た子を起こすごとく怪異は甦って禍を呼ぶ。それどころか、洒落にならない事態を新たに招いてくる」というのだから、怪談作家も命がけだ。

それでもなぜ著者が怪談を書き続けるのかといえば、単純に好きだから、というのが一番大きな理由だろう（著者にはそのものずばり『「怖い」が、好き！』という著作がある）。

加門七海はこれだけ怖い目に遭っていながら、怪談好き、オカルト好きであることをやめない。さまざまな語りの技巧を凝らした著者の怪談実話が、怖さというツボを決して外さないのは、著者自身が大の怪談ファンであるからだ。

怖いものが大好きで、幽霊にしばしば遭遇し、三十年間も怪談を書き続ける――。冒頭で加門七海のことを生粋の怪談作家と表現したが、いっそ〝怪談と相思相愛の作家〟と呼ぶのがふさわしいかもしれない。

私のような怪談愛好家にとって、見えない世界との付き合い方を描き続けてきた加門作品はまさに宝の山だ。本書の刊行をきっかけに、さらなる復刊・文庫化が進むことを望みたい。

本書は、二〇一三年十二月にメディアファクトリーより刊行された単行本『怪談を書く怪談』を加筆修正のうえ、文庫化したものです。「魄」は本書のための書き下ろしです。

船玉さま　怪談を書く怪談

加門七海

角川ホラー文庫　23066

令和4年2月25日　初版発行

発行者——堀内大示
発　行——株式会社KADOKAWA
〒102-8177　東京都千代田区富士見2-13-3
電話 0570-002-301（ナビダイヤル）
印刷所——株式会社暁印刷
製本所——本間製本株式会社
装幀者——田島照久

●お問い合わせ
https://www.kadokawa.co.jp/（「お問い合わせ」へお進みください）
※内容によっては、お答えできない場合があります。
※サポートは日本国内のみとさせていただきます。
※Japanese text only

ISBN978-4-04-112165-8　C0193　◇◇◇

角川文庫発刊に際して

角　川　源　義

第二次世界大戦の敗北は、軍事力の敗北であった以上に、私たちの若い文化力の敗退であった。私たちの文化が戦争に対して如何に無力であり、単なるあだ花に過ぎなかったかを、私たちは身を以て体験し痛感した。西洋近代文化の摂取にとって、明治以後八十年の歳月は決して短かすぎたとは言えない。にもかかわらず、近代文化の伝統を確立し、自由な批判と柔軟な良識に富む文化層として自らを形成することに私たちは失敗して来た。そしてこれは、各層への文化の普及滲透を任務とする出版人の責任でもあった。

一九四五年以来、私たちは再び振出しに戻り、第一歩から踏み出すことを余儀なくされた。これは大きな不幸ではあるが、反面、これまでの混沌・未熟・歪曲の中にあった我が国の文化に秩序と確たる基礎を齎らすためには絶好の機会でもある。角川書店は、このような祖国の文化的危機にあたり、微力をも顧みず再建の礎石たるべき抱負と決意とをもって出発したが、ここに創立以来の念願を果すべく角川文庫を発刊する。これまで刊行されたあらゆる全集叢書文庫類の長所と短所とを検討し、古今東西の不朽の典籍を、良心的編集のもとに、廉価に、そして書架にふさわしい美本として、多くのひとびとに提供しようとする。しかし私たちは徒らに百科全書的な知識のジレッタントを作ることを目的とせず、あくまで祖国の文化に秩序と再建への道を示し、この文庫を角川書店の栄ある事業として、今後永久に継続発展せしめ、学芸と教養との殿堂として大成せんことを期したい。多くの読書子の愛情ある忠言と支持とによって、この希望と抱負とを完遂せしめられんことを願う。

一九四九年五月三日

ナキメサマ

阿泉来堂

恐ろしいほどの才能が放つ、衝撃のデビュー作。

高校時代の初恋の相手・小夜子（さよこ）のルームメイトが、突然部屋を訪ねてきた。音信不通になった小夜子を一緒に捜してほしいと言われ、倉坂尚人（くらさかなおと）は彼女の故郷、北海道・稲守（いなかみ）村に向かう。しかし小夜子はとある儀式の巫女に選ばれすぐには会えないと言う。村に滞在することになった尚人達は、神社を徘徊する異様な人影と遭遇。更に人間業とは思えぬほど破壊された死体が次々と発見され……。大どんでん返しの最恐ホラー、誕生！

角川ホラー文庫

ISBN 978-4-04-110880-2

こわい本1 蛇

楳図かずお

あなたの背後にヘビ……ぬるりと恐怖が。

幸せに暮らしていた沼田家の姉妹を、突然の悲劇が襲った。姉が、手足が動かなくなる原因不明の病に倒れたのだ。献身的に看病する妹だが、姉の奇怪な行動に不審を抱き、姉の正体は蛇で、自分を殺そうとしているのではとおびえはじめる——違和感がぬるりと忍び寄る「うろこの顔」他、映画化された「蛇娘と白髪魔」や「口が耳までさける時」の、蛇の恐怖譚3篇を収録。語り下ろし著者インタビューなど、巻末豪華企画も必読！

角川ホラー文庫

ISBN 978-4-04-108991-0

ふしぎな話
小池真理子怪奇譚傑作選

小池真理子

東 雅夫＝編

魂が凍りつく、甘美なる恐怖。

死者が見える少女のとまどいと成長を描く「恋慕」に始まる連作3篇。事故で急逝した恋人の同僚と話すうち、ざらついた違和感を覚える「水無月の墓」。恋人の妻の通夜に出ようとした女性が、狂おしい思いに胸ふさがれる「やまざくら」など小説ほか、幼い頃家で見た艶めかしい白い足、愛猫のかたちをした冷たい風——日常のふしぎを綴るエッセイを加えた全13篇。恐怖と官能、ノスタルジーに満ちた小池作品の神髄を堪能できる傑作集。

ISBN 978-4-04-111522-0